Heiner Gillmeister 著

SERVICE
Kleine Geschichte der englischen Sprache

英語史の基礎知識

小野　茂　訳

開文社出版

目　　次

序文　　　　　　　　　　　　　　　　　　　　　　　i

Ⅰ．印欧語族　　　　　　　　　　　　　　　　　　　1

Ⅱ．印欧語の音韻的特徴と英語におけるその反映　　　7

Ⅲ．ゲルマン祖語から古英語へ　　　　　　　　　　15

Ⅳ．古英語・中英語時代の英語方言　　　　　　　　20

Ⅴ．ゲルマン語の語頭アクセントとその英語の発達
　　にとっての意味　　　　　　　　　　　　　　　30

Ⅵ．スカンジナビア語の影響　　　　　　　　　　　37

Ⅶ．フランス語の影響　　　　　　　　　　　　　　42

　　注　　　　　　　　　　　　　　　　　　　　　61
　　図版出典　　　　　　　　　　　　　　　　　　79
　　参考文献　　　　　　　　　　　　　　　　　　80
　　訳者あとがき　　　　　　　　　　　　　　　　87
　　人名・事項索引　　　　　　　　　　　　　　　91

序　文

　この小さな本は，古英語と中英語時代の最も重要な現象を読者に知らせるためのものであるが，それ以前の言語史にも立ち入っている。扱う現象の選択基準は，つねに現代英語との関連である。その際，古い言語状態と現代語との間にどんな関係があったかを，しばしば，使いやすい脚注の形で明らかにした。[1] これは本文を不必要に膨らませないように努めたからである。この小さな本は，タイトルに忠実に，サービスを意味する。つまりそれは自習用にもまた ―― とりわけ簡潔なために ―― 受験者達の補習用教材にも適していると思う。経験によれば彼らにはぎりぎりの時間しかない。もちろん「サービス」というタイトルは冗談まじりに選んだ。[2] したがって著者が時折り，非常に個人的な好みを出したとしても，寛大に微笑んで下さることを読者に期待する。

ボン，　1993年夏
ハイナー・ギルマイスター

訳者注
1．詳しい脚注はかえって煩瑣になるので，原著の脚注を訳書では本文の後に回した。
2．原著のタイトル Service は学生への「サービス」とテニスの「サービス，サーブ」にかけてある。

I. 印欧語族

1.1.

　厳密に学問的な言語研究は1786年に始まる。この年にイギリスの法律家でオリエント学者のサー・ウィリアム・ジョーンズ（Sir William Jones）が，カルカッタの王立アジア協会で講演を行なった。その中で彼は，サンスクリット，ラテン語，ギリシャ語，ゴート語，ケルト語，古ペルシャ語の類似を指摘し，これらの言語が共通の源を持っていただろうと述べた。[1] ジョーンズにとって引き金となった動機はサンスクリットの発見で，彼が用いた方法は体系的な言語比較法だった。したがって彼が基礎を築いた新しい学問は比較言語学（comparative linguistics）と呼ばれる。それは歴史あるいは通時言語学の一部で，これは構造あるいは共時言語学に対立して，時間的には言語学の最初の形である。構造言語学は20世紀に発達したものである。それはヨーロッパではジュネーヴの言語学者フェルディナン・ド・ソシュール（Ferdinand de Saussure）によって決定的となり，[2] アメリカ合衆国ではレナード・ブルームフィールド（Leonard Bloomfield）によって進められた。[3]

1.2.

　体系的な比較は学者達の注意を当然，時の経つうちに個々の言語で生じた変化に向けた。ダーウィンの進化論の強い影響下にあった時代だったので，ただちにこの変化の規則性の手がかりをつかむ試みがなされた。これが歴史言語学の主な仕事になった。それは言語変化を研究したが，その際つねに唯一の言語現象の変化を記述しようとする。これは単一の音，形態素または語

義のこともある。歴史言語学と違って構造言語学にとっては，孤立した言語現象は何の価値もない。後者にとっては，個々の要素は同一次元に属する少なくとも一̇つ̇の̇他の要素（音，形態素，語義）によって初めて決定される。この関係はたいていは対立関係である。[4] man と men の意味は a の音によるのでも e の音によるのでもなく，すでに古英語で，a と e がはっきり区別されているという事実に基づいている。この二つの音の間にみられるような対立も構造と呼ばれる。「構造言語学」という名前はそこから来ている。以下の叙述には歴史的および構造的考察法の例が含まれている。

1.3.

初めのうちはサンスクリット自体が一種の「祖語」と考えられた。[5] それは紀元前 1000 年ごろ成立した讃歌集である古代インドのリグヴェーダの言語である。その言語は非常に古風である。それはテキストが伝承の際に，人工的に元の状態に保たれて，そのためにあらゆる言語の自然な変化過程をこうむらなかったからである。[6]

1.4.

インド・ヨーロッパ語（Indo-European；以下「印欧語」と略す）という言葉はそれが表わす言語群の地理的分布を示している（東はサンスクリットの故郷としてのインド，西はゲルマン語の一つの故郷としてのイングランド）。

この分布地域内で，音の特徴に基づいて，いわゆるケントゥム（centum）語とサテム（satem）語[7]の二大グループを区別するのがふつうである。[8] 第 1 のグループには，たとえばギリシャ語，ゲルマン語，イタリック語，ケルト語が属し，第 2 のグループには古インド語（サンスクリット），古ペルシャ語，スラヴ語が属している。第 1 のグループのキーワードの語頭音 k に相当する第 2 グループの音は s である。そしてこのような区別は —— 少なくとも理論的には —— かつての両グループに共通だったすべての語に当てはまる。

Ⅰ．印欧語族

　このような区分の基礎には祖語の仮定があって，そこから両下位グループが生じたとされる。これらがさらに —— たとえば音韻論の領域における —— さまざまな言語変化によって，個々の印欧諸語に分かれたという。

1.5.

　このように固定した均一な言語群という見方と現代方言地理学は相いれない。後者は反対にむしろ，印欧祖語時代以来の大きな言語連続体から出発する。その連続体の中で，各時代にいろいろな場所で言語の革新が生じ，それが強さと期間を異にして隣接地域に影響をおよぼすことができた。このような仮定は大変すぐれている。たとえば，サテム語の東方遠くに一つのケントゥム語すなわちトカラ語があるという事実は説明されていない。トカラ語の話し手が紀元前2世紀に中国の黄河（ホワンホー）北岸にいた証拠がある。[9] このことによって，印欧語民族の源郷はアジア地域にあって，トカラ人はこの源居住地の附近に残っていたと説明しようとした。これに対してその他の種族は，長い隊列を組んで，西に向かっていたと考えられた。しかし方言地理学の基本的命題は，ある言語地域の中心で生じた革新が浸透しない限りでは，最古の言語形態がつねにその言語地域の一番はずれに見出されるというのである。英語におけるこの事実の具体例の一つは，いわゆる rhotic dialects（子音の前や語末の r を発音する方言）である。イングランド南部の田園地帯からランカシャーのリヴァプール周辺地域を越えてノーサンバランドに達する輪の中では，（car などの語の）母音の後の r は今でも発音される。したがって東部 —— ロンドンとその周辺 —— で約300年前に始まった変化（今日の標準語における r の消失）は，上の周辺地域ではまだ確立していない。[10] トカラ語がケントゥム語に属することも，おそらく同様に，このような方言地理上の周辺的地位によって説明できるだろう。[11]

　ケントゥム語とサテム語の区分はまた決して絶対的はものではない。これら二つのグループの間に多くの横のつながりがあるからである。たとえば，ゲルマン語とスラヴ語は語幹形成辞 m を持つ代名詞与格接尾辞を共有し，サンスクリットとラテン語は語幹形成辞 b を持つ代名詞与格接尾辞を共有す

る。[12] ここでもある特定の言語的・文化的中心（言語地理学では focal area「有心地区」と呼ばれる）の影響から出発する仮定はおそらく正しい。このために，保存されている個々の印欧語の基礎の上に印欧祖語の再建を試みる場合，一般に大きな困難が生じる。19世紀の印欧語学者はまだこの任務を果たせると思っていた。その危険と，一部はそれから生ずる不合理が，現代方言地理学の側から強く示されている。[13]

1.6.

印欧語の話し手の源郷と印欧語が比較的均一の言語だった期間を決定する試みが繰り返された。

1.6.1. 空間的限定

言語的基準に基づいた決定を N. S. トルベツコイ（Trubetzkoy）が企てた。隣接する言語は互いに影響を及ぼすという仮定から出発して，彼はフィン・ウゴル語が属するウラル・アルタイ語と印欧語の間に共通点があることを確認した。まさにそのような共通点が印欧語と（カフカス（コーカサス）語およびセム語を含む）地中海諸語の間に存在した。これに対して，ウラル・アルタイ語と地中海諸語の間には，そのような影響は確認されなかった。[14] したがってこれら両言語群は印欧語群によって引き離されていたに違いない。それ故，黒海の北，ドニエプル河口周辺の広い地域が，印欧語の発祥地と考えられるだろう。[15]

女性考古学者マリーア・ギンブタス（Marija Gimbutas）はこのような仮説に対する証明を見出したと信じている。彼女は紀元前3000年と2000年の間に，南ロシアのステップ（草原地帯）に，一つのつながりのある居住および文化地域を推定し，それをクルガン文化と名づける。[16]

I. 印欧語族

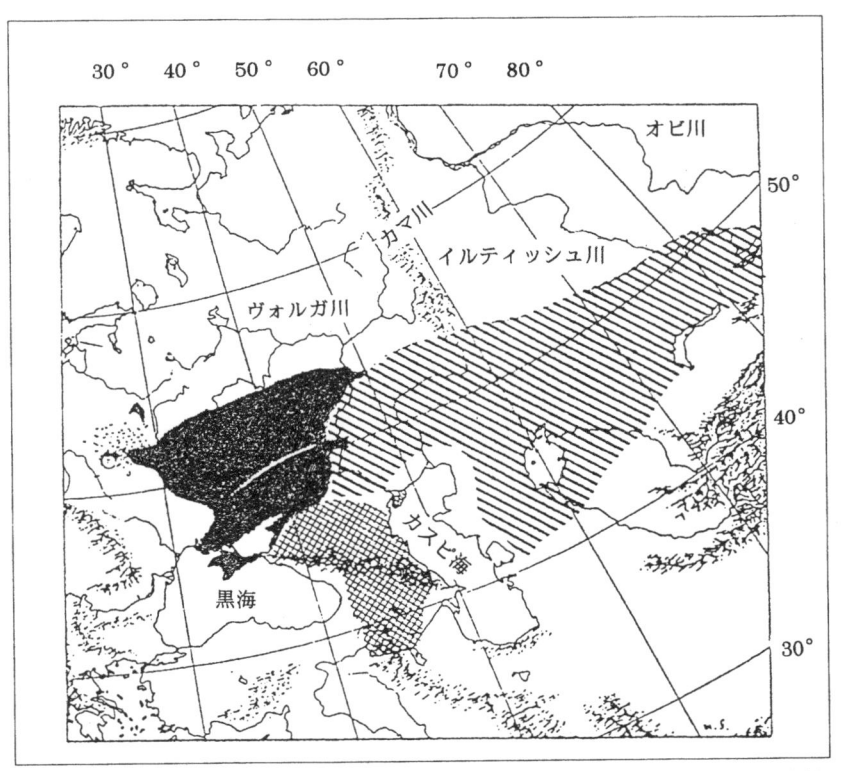

第1図：平行線の部分はクルガン文化の普及地域を示す。矢印は紀元前2400-2300年の間（あるいはそれ以前）における黒海北岸地域へのその拡大を指し示す。

1.6.2. 時間的限定

　ここでは歴史時代に知られている個々のロマンス語の分類から出発する。これらは明らかにほぼ800年間に民衆のラテン語から発達した。個々の印欧語の分化についても同様の期間を見積もると、以下のような計算ができる。最古の印欧語——ヒッタイト語（紀元前約1600年），線文字B（紀元前約1200-1400年），サンスクリット（紀元前約1000年）——の中間値から800

年逆算すると，紀元前 2000 年代の終わりに達する。この計算によると，紀元前 2200 年ごろに，印欧語はまだ比較的均一の言語だったに違いない。[17] このような計算は，個々の印欧語に「鉄」を表わす共通語がないという事実によってある程度承認される。このことは，一般に紀元前 2000 年ごろと見積もられている鉄器時代の始まり以前に，個々の印欧語はすでに分かれていたということを示すかもしれない。[18]

II. 印欧語の音韻的特徴と英語におけるその反映

2.1. アプラウト

　印欧語の重要な言語現象の一つはいわゆるアプラウト（Ablaut「母音交替」）である。それは語源的に関係のある語の母音の量と質の交替のことである。[19] さまざまなアプラウト現象は，個々の印欧語からの以下の例によって，体系的叙述が試みられた。この際，出発点は印欧祖語に仮定された母音 e である。この母音は個別言語で以下のように変化する（いわゆる e/o-アプラウト）：[20]

完全階梯：ped（ラテン語属格 pedis「足の」に），音質交替 pod（ギリシャ語対格 póda「足を」に）。

延長階梯：pēd（ラテン語 *peds「足」。これは pēs になる），音質交替 pōd（ゴート語 fōtus「足」で代表される）。

ゼロ階梯：pd（古ペルシャ語 fra-bdəm「前足」）。

　伝統的見解によれば，量的変化は強められた呼吸圧（強弱アクセント）によって引き起こされ，質的変化は，いわゆる音調言語（たとえば中国語）の特徴である音楽的アクセントによって引き起こされる。印欧語は音調言語だったという根拠のない仮説に対して，フェルディナン・ド・ソシュールは，すでに 1879 年に，一つのテーゼを持ち出したが，それがずっと後にヒッタイ

ト語の発見によって見事に立証された。[21]

　ド・ソシュールの分析は、いわゆる内的再建（internal reconstruction）の注目すべき例である。彼の注意を引いたのは、印欧語のたいていの語根（派生形態素に対して語幹形態素）が、語根 bher-「運ぶ」、gʷem-「来る」、sed-「坐る」などのように、「子音―母音―子音」（CeC）の構造を示したことである。もちろんそのほかに、たとえば ag-「導く」、(s)tā-「立つ」、dhē-「置く」、es-「ある」のように、子音が一つだけで、母音の質と量は一部逸脱している語根もある。これらの語根は、ド・ソシュールの推測では、以前の段階では同様に CeC の構造を持っていたが、子音が一つ消失して、母音の変化を引き起こしたのであろう。ようやく今世紀になって1927年に、ポーランドの言語学者クリウォーヴィッチ（Kuryłowicz）は新発見のヒッタイト語に基づいて、この仮説の正しさを証明した。伝承された印欧語の中で最も古いこの言語に、ド・ソシュールが仮定した子音の残存が実際に見出されたのである。これらは今日喉頭音（laryngeal）と呼ばれている。今日では、さまざまな語幹母音を持つ1子音の印欧語語根の代わりに、語幹母音 e を持つ2子音語根が設定される。したがって ag- の代わりに heg-、(s)tā- の代わりに (s)teh、dhē の代わりに dheʔ ―― ʔ は声門閉鎖音の音声記号 ――、es- の代わりに ʔes となる。詳しくは喉頭音は四つまで区別され、それらに異なる働きが帰せられる。[22]

2.1.2.

　最後に喉頭音の働き方を、「羊」を表わす印欧語の語根再建の例で述べよう。それから個別言語の形、古インド語 ávis, ギリシャ語 o(w)is, ラテン語 ovis, 古英語 eow「母羊」（近代英語 ewe を参照）が生まれた。古インド語の a は古い o にさかのぼり、[23] 古英語の eo は後続の w の影響で e から生じ、[24] この e の方は以前の o から i-ウムラウトによって生じた。これらすべての個別言語の形から根底にある語幹 *ow- が生じる。これに ―― ド・ソシュールのモデル CeC によれば ―― 喉頭音形 $H_3\text{éw-}$ が先行する。その根拠が、ヒッタイト語に近い関係のあるアナトリア語の一つルヴィ語（Luwian）に見出さ

8

れる。そこから hawi- という形が伝わっている。[25]

2.1.3.

個々の印欧語ではアプラウトは散発的かつ非体系的にしか現われない。これに対してゲルマン語では，アプラウトは，新しい動詞の類すなわちいわゆる強変化またはアプラウト動詞の類を作るのに体系的に用いられる。e と o の交替を示す五つのいわゆるアプラウト系列と，a と o の交替を特徴とする第6系列が区別される。つぎのリストから，現在（第1欄），過去単数と複数（第2と第3欄，別の形！），そして過去分詞（第4欄）の動詞形について個々の類に適用される母音の量と質が明らかになる（ローマ数字は個々のアプラウト系列を示す）：

I	ei	oi	i	i
II	eu	ou	u	u
III	em/en＋子音	om/on＋子音	m̥/n̥＋子音	m̥/n̥＋子音
	el/er＋子音	ol/or＋子音	l̥/r̥＋子音	l̥/r̥＋子音
IV	em/en	om/on	ēm/ēn	m̥/n̥
	el/er	ol/or	ēl/ēr	l̥/r̥
V	e＋子音	o＋子音	ē	e
VI	a/o	ā/ō	ā/ō	a/o

これら六つのアプラウト系列は古英語でもまだ多くの例に存在する。もちろん大きな時間的隔たりのために，個々の語幹母音の質は一部かなり変化した。したがって再建された印欧語形（上の表）とそれに対応する古英語の密接な関係を認めるためには，ゲルマン語とその個々の方言の印欧語からの発達を特徴づける幾つかの法則性を明らかにしなければならない。

印欧語からゲルマン語への幾つかの音変化は次の通りである：

英語史の基礎知識

1．印欧語の短い o はゲルマン祖語で a になる。そこでたとえば印欧語 *quod に古高ドイツ語 hwaz 'what' が対応する。[26]

2．印欧語の u はゲルマン祖語で，つぎの音節の a, e, o の前で o になる：印欧語の例 *iugom は古高ドイツ語で joh 'yoke' として現われる。[27]

3．印欧語の e はゲルマン祖語で，鼻音＋子音の前で i に発達する。たとえば印欧語の例 *uentos は古高ドイツ語で wint, 古英語で wind 'wind' になる。[28]

4．いわゆる印欧語の「音節主音的（syllabic）鼻音と流音」m̥, n̥, l̥, r̥ は，ゲルマン祖語では um, un, ul, ur として現われる。これはたとえば印欧語 *pl̥nos と古英語 full 'full' の比較によって示される。[29]

5．印欧語の ē（いわゆる ē¹）は古高ドイツ語では長い ā として，古英語では ǣ として現われる。IV と V を参照。[30]

ゲルマン語諸方言内での幾つかの音変化：

6．ゲルマン祖語の二重母音 ai の反映は，古英語では長母音 ā である。そこでゴート語 hails に古英語 hāl 'whole' が対応する。[31]

7．ゲルマン祖語の a は古英語の 1 音節語で，また多音節語ではつぎの音節の e の前で，æ に高められる（いわゆる第 1 明音化）。たとえば古高ドイツ語 tag 'day', 属格 tages（これらは語幹母音の場合に古い状態を反映している）と古英語 dæg, dæges を比較するとよい。[32]

8．æ に高められた a（7 を見よ）は，すでに古英語が文献に登場する前に，つぎの音節の a, o, u の前で新たに a に下降する。*færan が faran になるのはこの現象の一例になるだろう。[33]

II. 印欧語の音韻的特徴と英語におけるその反映

ここで述べた変化が起こった後に，古英語におけるアプラウト動詞の六つの類はつぎの形になる：[34]

I	scīnan	scān	scinon	scinen	近代英語	shine[35]
II	crēopan	crēap	crupon	cropen	近代英語	creep[36]
III	climban	clamb	clumbon	clumben	近代英語	climb[37]
IV	beran	bær	bǣron	boren	近代英語	bear[38]
V	tredan	træd	trǣdon	treden	近代英語	tread[39]
VI	faran	fōr	fōron	faren	近代英語	fare[40]

中英語時代にさらに変更が生じたが，ここでは簡単に概要を述べることしかできない。古英語 scān は（ハンバー川以南で）中英語 shoon になった。[41] crēap は弱変化に入って中英語 crepte になった。古英語 climban と clamb はつねに語幹母音が短かったが，同器官的（homorganic）子音群の影響で，つねに語幹母音が長い中英語 climbe(n)，cloomb になった。[42] 近代英語 climbed も同様に元強変化動詞の弱変化動詞へのよくある移行を反映している。古英語 bær は新たに下降して中英語 bar になり，[43] 後に過去分詞への同化（いわゆる類推均一化）によって bore に取って代わられた。同様に近代英語の trodden は IV 類動詞の類推で作られた。

2.2. グリムとヴェルネルの法則

印欧語の子音体系は唯一つの摩擦音（歯擦音 s）しか示さないが，一連の閉鎖音を示す。[44] この体系内で，ゲルマン語は徹底的な改造を行なった。それは——発見者ヤーコプ・グリム（Jacob Grimm）にちなんで——グリムの法則と呼ばれるが，ゲルマン語音推移とも言われる。[45] この法則によれば，印欧語の有声閉鎖音はゲルマン祖語で無声閉鎖音になり，印欧語の無声閉鎖音は無声摩擦音になり，印欧語の有声帯気閉鎖音は有声摩擦音になる。[46] 詳しく言えば，印欧語 b, d, g はゲルマン祖語 p, t, k に，印欧語 p, t, k は f, þ, χ に，そして最後に印欧語 bh, dh, gh は b, d, g になる。グリムの法則の働

11

き方は，古英語の単語を元の（したがって印欧語の）音組織を保っている個々の印欧語のそれと比較することによって明らかになる：[47]

古教会スラヴ語	slabu 'slack'	古英語	slǣpan 'sleep'
ラテン語	decem	古英語（アングリア方言）	tene 'ten'
ラテン語	iugum	古英語	geoc 'yoke'
ラテン語	pater	古英語	fæder 'father'
ラテン語	frater	古英語	brōþor 'brother'
ラテン語	centum	古英語	hund 'hundred'
古インド語	bhrātā	古英語	brōþor 'brother'
古インド語	mádhyas	ゴート語	midjis[48] 'middle'
古インド語	stighnōti	古英語	stīgan 'climb'

2.2.1.

構造言語学の時代に，グリムの法則にみられるような変化を（たとえばpからfへの個別的現象として）孤立的に考察するのではなく，このような現象の体系性を引き出そうとする努力がますます盛んになった。[49]bがpになったその瞬間に，元来のpが ―― おそらくその音素の性質を保つために ―― fに変わったらしいことが注意を引いた。言いかえれば，新しく生じたpの数が多くて，音素pが機能的に過重負担（functional overload）になって，意味を区別する任務をもはや果たせなくなる。[50] これが結果として元来の音素pの（fへの）新しい方向づけになる。したがって音推移は，音体系内で音素の数が変わらないだけでなく ―― 統計的にみて ―― 話し手がある音素を用いる場合の数も変わらないことを意味する。[51]

グリムの法則の場合に，bからpへの音変化が，元来のpの摩擦音への変化の誘因になったことから出発すると，「押し」（push）ということになる。しかし反対にpの摩擦音fへの変化が時間的に早かったこともあり得て，それが元来のbを，今は音素体系内で空いてしまったpの位置に移動させたか

Ⅱ．印欧語の音韻的特徴と英語におけるその反映

もしれない。このような場合には「引き」(pull) と言う。[52] ここで述べた意味での音推移は，グリムの法則だけでなく，いわゆる高地ドイツ語音推移や「大母音推移」(Great Vowel Shift) にも現われている。[53]

2.3.

グリムの法則の説明のために上に例として挙げた単語を注意深く観察すると，明らかにつじつまが合わないことが生じる。グリムの法則を首尾一貫して適用すると，ラテン語 pater に対応する古英語は本来 (fæder でなく) *fæþer, ラテン語 centum の場合には (hund でなく) *hunþ —— すなわち無声摩擦音 —— が期待される。いずれの場合にもその代わりに，印欧語の帯気有声閉鎖子音 dh から発達した音と同じ音 d が現われる。印欧祖語にもっと近い古ペルシャ語と古インド語の形と比較すると，古英語における逸脱は印欧語におけるアクセントの相違のためであることがわかる：

古インド語	bhrátā	古英語	brōþor	印欧語	*bhráter
古インド語	pitá	古英語	fæder	印欧語	*pətér
古ペルシャ語	satám	古英語	hund	印欧語	*k'm̥tóm

閉鎖音 p, t, k は摩擦音 f, þ, x への途上で有声の異音 b, d, g (同様に摩擦音) を発達させたらしく，それらがつぎに印欧語 bh, dh, gh からの結果と一致した。したがって印欧語で第 1 アクセントが直前に来ない時には，ゲルマン祖語で f, þ, x の代わりに有声摩擦音 b, d, g が現われる。[54] 今述べた規則性は，その発見者であるデンマークの言語学者カール・ヴェルネル (Karl Verner) にちなんでヴェルネルの法則と呼ばれる。[55] ヴェルネルの発見は言語理論に広範囲に及ぶ結果を生じた。それは印欧語のアクセント再建に一つの道を示しただけでなく，[56] 特にグリムの法則の例外とみなされていた場合が，それもまた一つの規則性に基づいているということを示した。これが 19 世紀の傑出した言語学者グループ (いわゆる青年文法学派) の，音法則に「例外なし」という見解を強めた。この見解に対しては，特に方言研究の

サークルから一部激しい批判が表明された。[57]

　ゲルマン語はヴェルネルの法則の交替形——印欧語 s のゲルマン祖語 z, ゲルマン語 r への交替（いわゆる rhotacism「r 音化」）もこれに属する——はたとえばアプラウト動詞で，形態音素論的機能を示す。その場合アプラウトとヴェルネルの法則の交替形によって，そのために一つの大きな特徴が生じる。

古英語　cweþan　cwæþ　cwædon　cweden 'say'

これらすべての場合に「文法的交替」と言う。[58]

III. ゲルマン祖語から古英語へ

3.1.

　すでにみたように，ゲルマン語はさまざまな言語変化(等語線)によって，印欧語の連合から分離した。その元来の分布地域は西部バルト海地方，すなわち南部スカンジナビアとバルト海の北ドイツ地方であった。[59] ゲルマン語の最も早い言語段階はゲルマン祖語と呼ばれる。[60] その際問題になるのは，紀元前約1000年から500年の期間に話されたゲルマン語の形である。この段階にいわゆる共通ゲルマン語が続く。それはキリスト生誕のころまで，[61] 何人かの学者の意見では，紀元4世紀まで達する。[62]

3.2.

　共通ゲルマン語の連合から，すでに早くに，オーデル・ヴァイクセル・ゲルマン語グループが分かれる。このグループにはさらにブルグンド人，ヴァンダル人，ゲピード人が属していたが，そこから紀元2世紀にゴート人が黒海沿岸に移住する。[63] 彼等の言語だけが，西ゴート人の司教ウルフィラ (**Wulfila**)(4世紀)のものとされる(部分的?)聖書訳によって十分に知られている。[64] その他の言語の知識は主に伝承された名前に基づいている。
　集落考古学の調査結果によれば，キリスト生誕のころゲルマン人の五つの祭式グループが浮かび上がる。[65]

　　-北ゲルマン人。北ユトランドと南スカンジナビアに定住し，後にアイスランドにも入植する。

-南ゲルマン人。つぎの下位グループがある：

-北海ゲルマン人。その中にはフリジア人，サクソン人，アングル人がいる。

-ヴェーザー・ライン・ゲルマン人。ヘッセン人とフランク人がいる。

-エルベ・ゲルマン人，ランゴバルド人，アレマン人，バイエルン人。

-オーデル・ヴァイクセル・ゲルマン人，ゴート人，ヴァンダル人，ブルグンド人。

南ゲルマン人のグループからアングル人，サクソン人，ジュート人の移住によって，北海ゲルマン人の一部が分離する。これらの部族名は教会史家ビード（Bede）が『英国民教会史』（*Historia Ecclesiastica Gentis Anglorum*）（731）で伝えている。[66] 同様にビードによれば，ジュート人は449年に最初にサネット島（Isle of Thanet）のエッブズフリート（Ebbsfleet）に上陸した。

3.3.

ゲルマン祖語は書かれた証拠はなくて，再建の結果である。再建は二つの方法で行なわれる。一つは最も古い証拠のあるゲルマン語を使った外的再建（external reconstruction）により，もう一つは同様に再建された印欧語との回顧的比較からの再建による。[67]

このような再建の正しさを調べる可能性は，早い時期にゲルマン語と関係ない隣接のフィンランド語に取り入れられた借用語の分析から生じる。ここには非常に古風な形が保たれている：ゲルマン祖語の再建形 *hrengaz 'ring' とフィンランド語 rengas,[68] *kunningaz 'king' と kuningas, *wantuz 'glove' と vantus を比較せよ。[69]

Ⅲ. ゲルマン祖語から古英語へ

3.4.

　方言の多様性にもかかわらず，共通ゲルマン語は比較的均一の言語共同体だったに違いない。このことは，後の時代に地理的に孤立したにもかかわらず，原則としてすべてのゲルマン語に共通な多数のラテン語借用語から明らかである：[70]

農業の分野から：

vinum	古英語	win	新高ドイツ語	Wein	'wine'
ceresia	古英語	ciris[71]	新高ドイツ語	Kirsche	'cherry'
caseus	古英語	ciese	新高ドイツ語	Käse	'cheese'
plantare	古英語	plantian	新高ドイツ語	pflanzen	'plant'

建築分野から：

| vallum | 古英語 | weall | 新高ドイツ語 | Wall | 'wall' |
| murus | 古英語 | mūr | 新高ドイツ語 | Mauer | 'wall' |

商業と手工業から：

pondus	古英語	pund	新高ドイツ語	Pfund	'pound'
cista	古英語	ciest	高ドイツ語	Kiste	'chest'
molina	古英語	mylen	新高ドイツ語	Mühle	'mill'
toloneum	古英語	toll	新高ドイツ語	Zoll	'toll'

軍事から：

| campus | 古英語 | camp | 新高ドイツ語 | Kampf | 'camp' |
| pilum | 古英語 | pil | 新高ドイツ語 | Pfeil | 'arrow' |

3.5.

　ゲルマン語が印欧語の連合から分離したように，時の経つうちにゲルマン語の下位グループも幾つかの等語線によって互いに遠ざかった。

3.5.1. ゴート語によって代表されるオーデル・ヴァイクセル・ゲルマン語は，ゲルマン祖語の ē¹ を保っていることで，共通ゲルマン語の他方言と一線を画している。他方言では ā とその反映がその代わりになる：

ゴート語 lētan; 古サクソン語 lātan; 古高ドイツ語 lāzza; 古ノルド語 lāta; 古英語 lætan 'let'.[72]

3.5.2. ゴート語はさらに，他のゲルマン語方言では r に発達（r 音化）したゲルマン祖語の z を保っている：

ゴート語 maiza; 古サクソン語 mêro; 古高ドイツ語 mēro; 古ノルド語 meire; 古英語 māra 'more'.[73]

3.5.3. ゴート語と異なって，その他すべてのゲルマン語方言では，いわゆる i-ウムラウト（Umlaut「母音変異」）が起こった。そこで問題になっているのは一種の遠隔同化で，つぎの音節の i（短音または長音）または j（わたり音）の口蓋性が，語幹母音に転移された。[74] この音法則性はいわゆる弱変化動詞1類の例でよく説明されるが，これもまた印欧語に対してゲルマン語の革新を示す：[75]

ゴート語 satjan（古い *satjanan から); 古サクソン語 settian; 古高ドイツ語 sezzan; 古ノルド語 setia; 古英語 settan 'set'.[76]

3.5.4. 南ゲルマン語の等語線として，南ゲルマン語の子音重複が重要である。[77] それに対しても同様に覚えやすい例として弱変化1類を引き合いに出

III. ゲルマン祖語から古英語へ

すことができる。動詞接尾辞-jan に保たれた j は短い語幹音節で語幹末子音の重複（gemination）を引き起こす：[78]

ゴート語 satjan; 古ノルド語 setia; 古サクソン語 settian; 古高ドイツ語 sezzan; 古英語 settan.[79]

3.5.5. 南ゲルマン語のその他のグループに対して，北海ゲルマン語はさまざまな革新を行なった。これらは英語の後の発達にとって特に重要である：[80]

3.5.5.1. 無声摩擦音の前の鼻音消失に続く，先行母音の非鼻音化と代償延長：

ゴート語，古高ドイツ語　fimf;　　古サクソン語，古英語　fīf 'five'
ゴート語，古高ドイツ語　uns;　　古サクソン語，古英語　ūs 'us'
ゴート語　anþar, 中高ドイツ語　andar;[81] 古サクソン語　ādar,[82]
　　　　　　　　　　　　　　　　　　　　　　古英語　ōþer 'other'.[83]

3.5.5.2. 人称代名詞と疑問代名詞における（古い s から来た）語末の r の消失：

ゴート語 mis,　古高ドイツ語 mi;　古サクソン語 mi, 古英語 mē 'me'
ゴート語 weis,　古高ドイツ語 wir;　古サクソン語 wi, 古英語 wē 'we'
ゴート語 hwas,　古高ドイツ語 wer;　古サクソン語 hwē, 古英語 hwā 'who'
ゴート語 is,　　古高ドイツ語 er;　古サクソン語，古英語 hē 'he'[84]

IV. 古英語・中英語時代の英語方言

4.1. 古英語・中英語時代の主な方言的特徴

4.1.1. すでに見たように，教会史家ビードは，北海ゲルマン侵入者に，アングル人，サクソン人，ジュート人の3部族を区別した。しかし彼等の言語はまだかなり均一だっただろう。方言の区別はおそらく，イングランドにおける彼等の定住地域が孤立してはじめて形成されただろう。[85] この場合我々は，ノーサンブリア方言（Northumbrian），マーシア方言（Mercian）[86]，ウェスト・サクソン方言（West Saxon），ケント方言（Kentish）を区別する。古英語のテキストの多くは，地域を越えた共通語・文学語になっていたウェスト・サクソン方言で保存されている。当時の政治的・文化的中心はウィンチェスター（Winchester）だった。[87]

4.1.2. 中英語時代にさらに方言分化が起こった。ノーサンブリア方言（中英語では北部（Northern）方言と呼ばれる），ウェスト・サクソン方言（南西部（Southwestern）方言）とケント方言（南東部（Southeastern）方言）はそのまま保たれたが，マーシア方言（中部（Midland）方言）は西中部（West Midland）方言と東中部（East Midland）方言に分裂した。東中部方言が，英語史のその後の成り行きにとって特に重要である。14世紀初期に，この経済的に重要な地域から —— 特に金持ちの商人階級と知識階級から —— ロンドンとその周辺に大量の住民が移住して，そこで —— 元来ウェスト・サクソン方言地域の上に —— 東中部方言の上層を形成した。[88] 英語の東中部変種が最後に標準語として定着したことにはいろいろな理由があった。特に重要なのはウィンチェスターが首都として —— そしてそれによって行政と経済・

IV. 古英語・中英語時代の英語方言

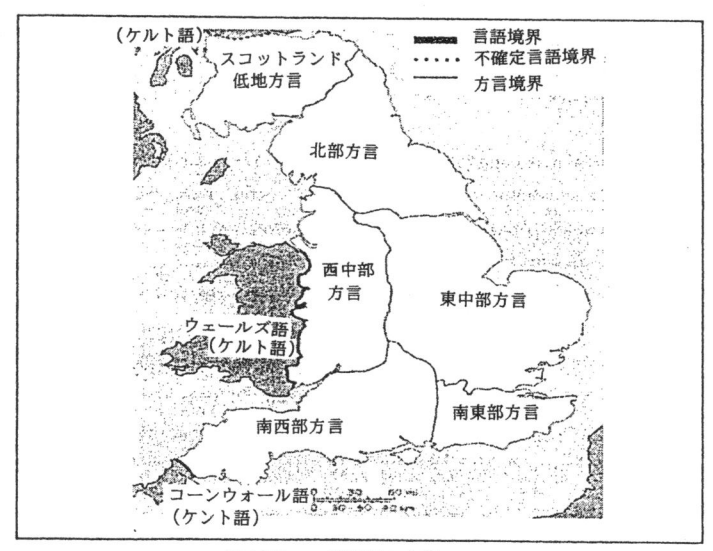

第2図： 中英語の方言

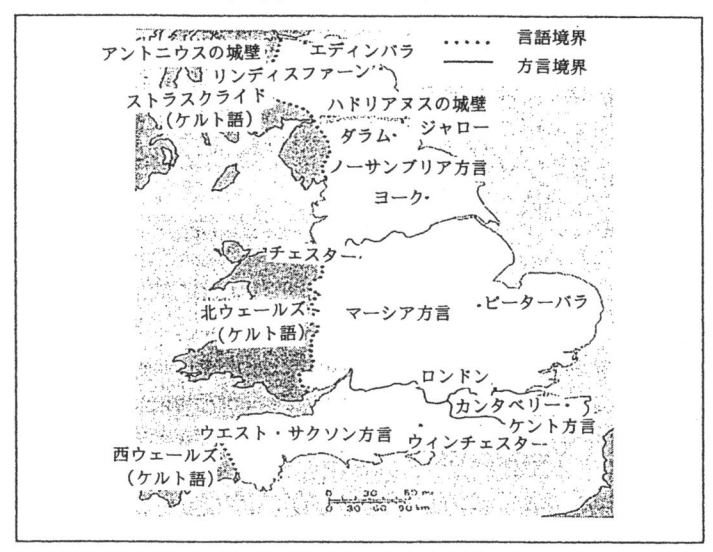

第3図： 古英語の方言

文化の中心として —— ロンドンに取って代わられたことである。そのほかに元来のウェスト・サクソン方言に対して中部地方の言語は幾つかの利点を持っていた。すなわちそれは北端と南端の方言の中間的な位置にあって，オックスフォードとケンブリッジ両大学の言語であり，最後に当時の最も重要な詩人でロンドン方言で書いたジェフリー・チョーサー（Geoffrey Chaucer）と，宗教改革者で聖書翻訳者ウィックリフ（Wyclif）の言語だった。[89] したがって，ウェスト・サクソンの文学語は継続しなかったのに対して，英語が今日イングリッシュ（English）—— englisc「アングル人（Angles）に属する」（i-ウムラウトによる）[90] から —— という名称を持つのは正当である。

4.2. 最も重要な方言的現象

4.2.1. 音韻論

4.2.1.1. 古英語時代

いわゆる「アングリア方言の滑化」[91]

　ウェスト・サクソン方言の特徴であるさまざまな起源の長短二重母音 io, eo, æo（ea と書かれる）が軟口蓋子音 k（c と書かれる），g, h の前（先行の r, l との結合でも）では「滑化」（smoothing）される。すなわち二重母音の軟口蓋要素が削除される。

例：

ウェスト・サクソン方言の feohtan 'fight'[92]; flēogan 'fly'[93]; ēage 'eye'; hēah 'high'[94] がアングリア方言の fehtan, flēgan, ēge, hēh になる。

　これらすべての例で，e は後にさらに i に高められて，そのために近代英語特有の形 fight, fly, eye, high（15 世紀の「大母音推移」の結果 i が ai にな

る）が生じる。しかしこれらすべての近代英語の形は南東中部方言の反映である。

4.2.1.2. 中英語時代

4.2.1.2.1. 同器官的子音群の影響

中英語の母音体系にとって最も重要な事件は、いわゆる同器官的 (homorganic) 子音群の前での母音延長である。それはすでに古英語時代に始まった。[95] 同器官的子音群は、鼻音 n, m と流音 l, r の後に、同じ位置で発音される —— したがって同器官的な —— 有声子音が続く時に作られる。そのようにして生じた結合は元の短母音の延長を引き起こす。その際、原則としてすべての同器官的子音群の前の古英語短母音 a, e, o は延長されるが、一番端の母音 i と u は ld, mb, nd の前でのみこの作用を受けた。

例（Berndt による）：

古英語	hand	中英語	（ハンバー川以南）[96] hoond	近代英語	hand
古英語	ende	中英語	eende	近代英語	end
古英語	findan	中英語	finde(n)	近代英語	find
古英語	camb	中英語	（ハンバー川以南）coomb	近代英語	comb
古英語	climban	中英語	（ハンバー川以南）climbe(n)	近代英語	climb
古英語	ald	中英語	（ハンバー川以南）oold	近代英語	old
古英語	feld	中英語	feeld	近代英語	field
古英語	milde	中英語	milde	近代英語	mild
古英語	hord	中英語	hoord	近代英語	hoard

同器官的子音群の前の延長は英語特有である。それが英語の母音体系をその他のゲルマン語、とりわけドイツ語のそれから、少なからず遠ざけている（新高ドイツ語 Hand, Ende などを参照）。これはここで述べた延長が中英語

時代に一部ふたたび廃止された時にも当てはまる。

4.2.1.2.2. 開音節における延長

古英語の歴史上短い母音 a, e, o は，それが 2 音節語の開音節に現われる時には，すべての中英語方言で延長される。[97] このようにして古英語 macian は中英語 māke(n) に，古英語 sp(r)ecan は中英語 sp(r)ēke(n) に，また古英語 (ge)brocen は中英語 brōken になる。これらすべての場合に，中英語の長音が後に「大母音推移」(Great Vowel Shift)（4.2.1.2.5.2 の項を見よ）をこうむる前提である。

4.2.1.2.3. ハンバー川以南と以北の方言状況

古英語 ā は北部方言には残るが，中部と南部（南西部とケント）では軟口蓋化および円唇化して，長い開母音 ō になる。[98]

例：

古英語 wā, stān, bānas は北部方言では wā, stān, bānys であるが，ハンバー川以南では woo, stoon, bones（近代英語 woe, stones, bones）になる。

この音発達は同器官的子音群の前の短母音 a から生じた長母音 ā も巻き込む。[99] 古英語 hand, lang, camb がこのようにして中英語 hoond, long, coomb になる。しかしながら音連続 and の場合は，北部と南ヨークシャーでは，1350 年以前に長い ā の短縮が起こったために，軟口蓋化できなかったに違いない。この a は hand などの語で東中部に侵入し，そこからロンドンの言語地域に入った。[100] その結果が近代英語の形 hand で，それは元来アングリア方言であった東中部方言の標準英語発達への影響力のもう一つの証拠である。[101] 南部特有の発音の継続が近代英語 comb に見出される。

Ⅳ. 古英語・中英語時代の英語方言

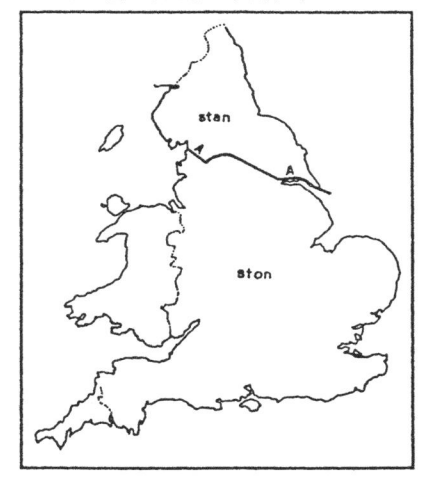

第4図：中英語の等語線 ā/ō　　　　第5図：中英語の等語線 y/i/e

4.2.1.2.4. 中英語の交替形 y, i, e

i-ウムラウトの結果として，フランス語の pur の母音に相当する発音の y （長音と短音）が古英語にあった。[102] 中英語時代に，この音は方言地域によって三つの異なる反映の仕方をしている。南西部と西中部では相変わらず y （ここではたいてい u と書かれた）であり，[103] ケント（南東部）では e であるが，英語の後の発達にとって重要な南東中部では（北部と同様に）i である。[104]

以下の例がこの音韻史的経過を具体的に説明する：古英語 cynn 'kin', synn 'sin', myrige 'merry', cyrice 'church' は南西部と西中部で kun, sunne, murie, churche になるが，ケントではそれに対して ken, zenne,[105] merry, cherche になる。しかし後の発達に決定的な東中部では（北部と同様に）上例の語では，近代英語の相当語 kin, sin が示すように i が起こる。近代英語 merry の場合にはケント方言の影響がある。[106] 近代英語 church は中英語 chirche を前提とするが，[107] この場合の綴りは南西部の影響を受けている。次の例を比較せよ：

25

近代英語 bury（古英語 byrgan）では，発音はケントで綴りは南西部であり，近代英語 busy（後期古英語 bysig）では，綴りは南西部であるが，[108] 発音は標準語になった南東中部のものである！[109]

4.2.1.2.5. いわゆる「大母音推移」（Great Vowel Shift）

4.2.1.2.5.1. 中英語の長母音

中英語の音韻体系は七つの長母音を含み，その調音位置はつぎの図から明らかである：

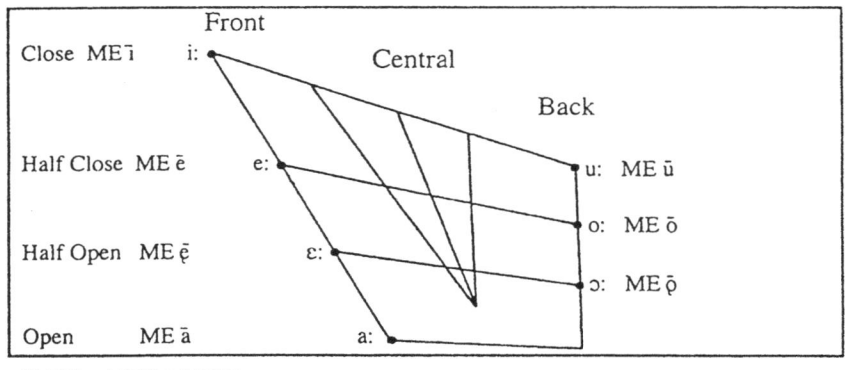

```
                        Front
Close    ME ī       i:        Central
                                       Back
Half Close  ME ē    e:                  u:  ME ū
                                        o:  ME ō
Half Open   ME ę̄    ɛ:                  ɔ:  ME ǭ
Open     ME ā            a:
```

第6図：中英語の長母音

これらの母音の中で幾つかは —— 部分的には綴りの一致のために —— 中英語のテキストを読む場合に困難をもたらす。当時の写字生は開いた（open）長母音と閉じた（close）長母音の e と o を区別しなかった。これらの場合にどの発音がある中英語のテキストで標準的かを決めるためには，幾つかの大まかな規則を顧慮せねばならない。それをつぎの表にまとめる。そこでは現代標準語から出発し，その基準は第1に現代の発音，第2に現代の綴りである：[110]

IV. 古英語・中英語時代の英語方言

中英語音素	現代の発音	現代の綴り*	例
i:	/ai/	i, y, iCe, ie	child, fly, tide, pie
e:	/i:/	ee, ie	seed, field
ɛ:	/i:/	ea, ei, eCe	heath, conceit, complete
a:	/ei/	aCe	make, dame
ɔ:	/əu/	oa, oCe	boat, hope
		o, oe	so, both, foe
o:	/u:/	oo	food, goose
		o, oCe	who, move
u:	/au/	ou, ow	house, how

*現代の綴りの欄のCは子音（consonant）の略。

4.2.1.2.5.2. 「大母音推移」（Great Vowel Shift）

　15世紀の初めに中英語の長母音体系内に包括的な変化が始まった。それは「大母音推移」（Great Vowel Shift）と呼ばれる。[111] それによって英語ではとりわけ発音が保守的な綴り —— それはむしろヨーロッパ大陸の発音を表わしている —— からいつまでも離れている。この過程は15世紀初期に一番端の母音 i と u で始まった。それらは中間段階を越えて近代英語の/ai/と/au/になった。[112] この発達は当時の高級な写本には通常みられず、比較的素朴な同時代人によって作られ、同じく無教養な写字生によって書き写された文学作品に現われる。その場合いわゆる「逆綴り字」（reverse spelling）が生じて、それがその間に起こった音変化を表わす。[113]
　iとuの変化のほかに、狭いeとoの変化も中英語時代に属する。これらは、すでに印欧語に確認された先例にならって、中英語時代の終わり（ほぼ1500年）までに、iとuによって放棄された母音体系内の空所の後に移動して（「引き」'pull'）、/i:/と/u:/になる。中英語のその他の長母音の変化は初期近代英語の間に起こる。

4.2.2. 形態論

4.2.2.1. 直説法現在3人称の屈折形態素の等語線は，中部の方言地域を横切って東西の方向に走っている。北では he tell-es，南では he tell-eth の形が行なわれている。[114] その線はまた南東中部を北と南の地域に分けており，今日の標準英語では，北部の形が最終的に受け入れられた。他方南部の形は幾つかの種類のテキストに用いられる（たとえば宗教的テキスト，詩，そしてイギリスの法律の極端に保守的な言葉に）。[115]

4.2.2.2. 現在分詞の屈折形態素は古英語では-ende であった：たとえば slǣp-ende 'sleeping'. 中英語時代にはこの形態素の反映が北部（slepand(e)），東海岸沿い（slepende），そして南下してケント（そこでは-inde）まで見出される。[116] しかしロンドンとその周辺の対応形は slepinge で，[117] この近代英語で通用する変種は，古英語の名詞派生形態素-ung（変種-ing）と同じである。[118] 12世紀末以来後者が，古英語から受け継がれた分詞語尾に次第に取って代わった。それはおそらくラテン語の現在分詞語尾（-antem, -entem）と動名詞（ゲルンディウム）語尾（-andum, -endum）が合流したフランス語の語尾-ant を手本にしたのだろう。[119]

4.2.2.3. ロンドンの言葉への南東中部方言の影響は，人称代名詞の発達にも示される。中英語時代に，古英語から受け継がれた形とスカンジナビア語から出た形が競争する。その際南東中部方言がまたスカンジナビア語形進入の入り口になる。たとえば古英語から来た複数主格形 hi がそうであった。[120] これはスカンジナビア語から借用した形 þei と対立した。[121] 同様に目的格形は一方で hem，[122] 他方で þem [123] であった。方言分布は，（詩人ジェフリー・チョーサーによって代表される）14世紀後半のロンドンの言葉は they と hem を示すという風で，異なる起源の形が混合していた。them は長い間北部に限られ，ようやく15世紀にロンドンの標準語に進出した。hem が hi よりも長くその地位を守ったことは，そのほかに今日でも非標準形 take'em（take hem から）に明らかである。[124]

Ⅳ. 古英語・中英語時代の英語方言

第7図：中英語の交替形 -es/-eth　　第8図：中英語の交替形 them/hem

V. ゲルマン語の語頭アクセントとその英語の発達にとっての意味

5.1.

　印欧祖語では語のアクセントは自由だった。すなわちそれはどんな種類の音節にもおくことができた：語幹にも，屈折形態素にも，派生形態素にも。[125] ゲルマン語はこの自由なアクセントを原則として語の第1音節と等しい語幹音節に移した（いわゆる語頭アクセント）。[126] とりわけこの処置によって，ゲルマン語は印欧語連合から分離した。

　この現象の結果として，アクセントを受けない後続音節は弱く発音された。この発達の結果，一般に母音の長さが短くなり，[127] その質が均一な音əに弱められた。[128]

5.1.1.
この事の結果は，最古のゲルマン語方言であるゴート語の屈折形を，それに対応する中英語と比べると明らかになる：

ゴート語　　dagōs 'days'
古英語　　　dagas（語末音節の短母音）
中英語　　　dayes（語末音節の弱化母音，いわゆるシュワー（schwa，あいまい母音））[129]

この発達の最終結果は，母音が完全に消失した近代英語 days である。

5.1.1.1.
古英語はその屈折組織の点でラテン語に匹敵する言語であった。語形変化（名詞・形容詞・代名詞の変化）には —— まさにラテン語のように

V. ゲルマン語の語頭アクセントとその英語の発達にとっての意味

── さまざまな変化類が区別された。i-変化とu-変化には残余のみがあったが，いわゆる男性a-変化,[130] 女性o-変化，そして弱（子音）n-変化はまだはっきりしていた。それぞれの変化表はつぎの通りだった（そのつど対応する中英語形を挙げる）:[131]

		古英語		中英語
単数	主格・対格	stān 'stone'（男性）		ston
	属格	stānes		stones
	与格	stāne		ston(e)
複数	主格・対格	stānas		stones
	属格	stāna		stones
	与格	stānum		stones
単数	主格	talu 'tale'（女性）		tale
	対格	tale		tale
	属格	tale		tale(s)
	与格	tale		tale
複数	主格・対格	tala, -e		tales
	属格	tala, -ena		tales
	与格	talum		tales
単数	主格	guma 'man'（男性）;	tunge 'tongue'（女性）	gome / tonge
	与格・対格	guman;	tungan	gome / tonge
	属格	guman;	tungan	gomes / tonges[132]
複数	主格・対格	guman;	tungan	gomes / tonges[133]
	属格	gumena;	tungena	gomes / tonges
	与格	gumum;	tungum	gomes / tonges[134]

31

古英語形と中英語形を比較すると，語末音節の母音変化の影響が目につく。たとえば女性では，単数の主格と属格はもはや区別できない。そこでここにはその代わりに，男性の s-属格が入る。同様に単数と複数の区別がもはや保証されず，そのためにここでも，男性複数形によって新たな区別が行なわれる。弱変化名詞では，語末の -n の脱落後完全に均一になる。ここでもその代わりに，男性の属格単数と主格複数が引き継がれる。それによってその類は崩壊する（古英語 oxan から来た近代英語 oxen に化石化的残存がある）。ただしこれらの新しく作られた対照は明らかに十分ではなくて，単数と複数（つまり数）が明らかに示されるだけである。その結果は，今や屈折語尾によって果たされないその他の機能のためには，新しい構造が作られねばならなかった。[135] この構造変革の結果は固定した（いわゆる機能的）語順 **SPO**（**SVO**）（主語―述語［動詞］―目的語）の導入と前置詞の使用だった。[136]

たとえばつぎの例を比較せよ：[137]

中英語：　If any me blame Robert Mannyng is my name.
　　　　　（誰かが私を非難したら，ロバート・マニングが私の名前だ）
　　　　　　　　　　　　　　　　　（*Chronicle of England* から）
近代英語：*If anybody me criticizes.

　ここで生じた体系の変化は，共時言語学の術語を使えば，つぎのように述べられる：古英語の統語法はもはや生産的（**productive**）でない。

　英語の語順の新しさは，古い組織を保って来たドイツ語と比べると一番よくわかる：

Heiner traf den Ball.
Den Ball traf Heiner.

Henry hit the ball.
The ball hit Henry.

V. ゲルマン語の語頭アクセントとその英語の発達にとっての意味

古英語の格語尾の代わりに前置詞が使われることは，古英語と中英語の聖書引用の比較によって十分明らかになる：[138]

古英語　he...folgode anum burh-sittendan menn þæs rices;
中英語　he...clevede to oon of the citiseyns of that contree.
　　　　（彼は...その地方に住むある人のところに身を寄せた。）

ここでは格語尾をつけた形ānum が語尾のない oon と前置詞によって，つまり一つの形が二つの形によって，取って代わられている。[139] それ故，古英語 ānum は総合的構造，中英語 to oon は分析的構造と呼ばれる。したがって，英語は中英語時代に，元来総合的な（ラテン語に匹敵する）[140] 言語から分析的な言語に変わったのである。

5.1.1.2. 活用（動詞の語形変化）では，すでに扱った強変化またはアプラウト動詞のほかに，三つの弱変化類があった。その第1類と第2類は過去接尾辞 -ede と -ode の母音で区別された。ここでも母音の質が弱化して -e になって，形が同じになった。その結果が近代英語の過去語尾である。

語末音節母音の弱化が，（すでにいわゆる弱変化の場合に観察した）語末の -n の消失と結びついて，中英語時代末ごろ（1500年ごろ），ついに名詞と動詞が完全に同じ形になった：古英語の名詞 lufu（上掲の talu のように変化した）は，後期中英語で古英語の動詞 lufian（中英語 love(n) を経る）と同様に love（語尾 -e はもはや発音されない）になる。[141] その結果いわゆる（品詞の）転換（conversion）が生じる。それは構造主義の見方からは「ゼロ形態素による派生」と呼ばれた。[142] 転換は結果として英語の語彙をかなり拡大した。今や──厳格な語順を持った英語の文結合の中に正しくはめ込まれることを条件として──どの語も（少なくとも理論的には）任意の品詞に使うことができるからである。このようなゼロ形態素による派生の例として動詞 to move から生じた新しい名詞 the move（これは今や motion, removal, movement などの名詞と同権である）がある。[143]

5.1.1.3. 屈折の放棄と同時に英語では —— たとえば名詞句内で —— (性，数，格の) 一致を示す任務を課せられている文法的性の消失が起こる。[144] この文法範疇の解消は，古英語の指示代名詞にさかのぼる定冠詞の屈折形の放棄と似ている。その発達は中英語の北部方言と東中部方言で始まった。それらでは 1150 年ごろ，不変化ですべての性に適用される形 the が一般に通用するようになった。[145] 古い屈折形の残存が中英語で，たとえば atte nale 'at the ale' (エール (ビール) を飲んで) (古英語 æt þæm ealoþ に当たる) のような孤立した句にまだみられる。[146] 現代英語では母音で始まる名詞から作られた固有名詞にだけ保たれた。ここで —— 統一的な冠詞 the が普及し始めた時代に —— 語末子音が誤って切り離されることが起こった。たとえば古英語の Johannes bi þære asce 'John by the ash' (トネリコの木のかたわらのヨハネ) から近代英語の John Rash (このほかに Ash と劇作家でシェイクスピアの同時代人の名前 Nash(e) がある)。Nash はすでにその名前が成立した時点に，文法的性がもはや生きていなかっただろうということを非常によく示している。さもなければ話し手は男性と中性の語尾 (m から来た) n (ドイツ語の dem)[147] を女性名詞 (ドイツ語の die Esche) の前に置かなかっただろう。この名前の成立は 12 世紀と 13 世紀の間の過渡期に当たっていただろう。それは古英語の体系がまだ完全に放棄されず，話し手は正しい屈折形の使い方について大変不確かな時代だった (特性不確実性)。[148]

5.2.

最後に，どうして共にゲルマン語の語頭アクセントを保ちながら，英語とドイツ語は全く同じように発達しなかったのかとさらに質問されるだろう。英語の統一的冠詞を扱った時すでに，屈折衰退はイングランド北部で始まったことをほのめかした。したがって，屈折衰退過程はおそらくこの地域における話し手の特別の状況によって促進されたと思われる。すなわちこの地域の特徴は二つの話し手のグループ —— 一方で古くから定住しているアングル人と他方でスカンジナビアからの新しい移民 —— の共存であった。これら二つの近親のゲルマン語の話し手達にとって，おそらく一種の大ざっぱな意志

V. ゲルマン語の語頭アクセントとその英語の発達にとっての意味

疎通が可能だっただろう。その際そのつど他の母語の最も極端な屈折特徴は無視することができて、最後には完全に放棄されさえした。[149] したがって英語とスカンジナビア語の共存がここでは、英語の分析的言語への発達を促進する触媒的効果を持った。[150]

　初期中英語時代に、ノルマン征服の結果として、新たに渡来したフランス人が英語を学ばねばならなかった時に、同じ事が繰り返された。この時代の英語の発達は、もっと新しい時代に英語がイギリス帝国の拡大の際に受けたピジン化とクリオール化の過程と完全に似ていると言える。[151]

5.3. 古英語語形成法の衰退

　アングロ・サクソン人とスカンジナビア人、そして —— とりわけ —— フランス人との共存がもたらしたもう一つの結果は、古英語語形成法の衰退である。[152] 古英語の語形成は一方では派生（derivation）—— ドイツ語では今日でも非常に好まれている —— によって、[153] 他方では本来語の構成要素を使った複合（compounding）によって行なわれた。[154] 新しい —— 特にフランス語の —— 単語が多数流入したために、—— 屈折形態素と同様に —— 一方では古い派生形態素はその機能を奪われ、他方では複合による新造はなおざりにされた。[155] 長い間には英語でこのようにして、他言語からの無思慮な新語受け入れへの道がなめらかになった。とりわけ人文主義時代におけるラテン語からの多数の借用語 —— 批判者にインキ壺語（inkhorn terms）として嘲笑された —— はついにはいわゆる英語語彙の分裂に至った。[156] ドイツ語では Mund「口」から形容詞 mündlich「口頭の」が作られ（派生）、数詞 drei「3」と名詞 Fuß「足」から Dreifuß「三脚」が作られるが（複合）、英語では mouth の形容詞は（*mouthly ではなく）oral で、「三脚」は（*threefoot ではなく）tripod である。これらの英語の単語は発音でも語源でも密接に関係していない。それらは「分裂して」いる。[157]

5.3.1. 特に複合の放棄によって、古英語の頭韻詩からも土台が取り去られ

た。すなわち複合によって，いわゆるケニング（kenning）[158]，すなわち英雄詩の最も重要な内容，たとえば戦争，武器，装備など，の具象的な同義語が生まれた。ケニングは二つの構成要素からなり，その第1要素は必要の場合には，語頭音は異なるが少なくとも似た意味を持つ語と変換できた。しかしこの形態的特徴以上に，ケニングはとりわけ美的な特徴を持っていた。古英語文学受容者の楽しみは新しいがもちろん既知の手本にならって作られ，それ故見かけだけ指示物（referent）を神秘化するケニングの解読にあった。[159] 古英語文学受容者の前に現われた知的課題の1例は hildenaddre というケニングで，これは文字通りには「戦いの蛇」だが「矢」の意味である。ここで問題はいわば二つの未知数を持つ方程式の解答である：x（指示物）対「戦い」は「蛇」対 y に等しい：

x：戦い＝蛇：y

戦いにおける矢（x）は自然（y）における蛇と同じ死をもたらすものと推論されたに違いない。[160] もちろん古英詩はケニングの解読に多くの助けを与えた。一方では指示物が通常テキスト内でそれ以前に挙げられており，[161] 他方では専門家には似た形がいつも存在していた。彼にとっては wæghengest というケニングの解明は，たとえば brimhengest, fearoþhengest, merehengest, sæhengest, ȳþhengest（すべて「船」の意味）のような形によって非常に容易になる。[162] しかも最後の例は，古英語の語形成が，語頭音の異なる多数の同義語をへぼ詩人に与えたことをよく示している。それに対して新しい英語の頭韻詩を作ろうとした14世紀のいわゆる頭韻詩復興（Alliterative Revival）の試みは ── なぞ的性格を欠いているために ── しばしば比較的気が抜けて単調である。適切な複合語がないために，作家達は今や同じ語頭音のスカンジナビア語やフランス語の同義語，一部は僻地の方言や古語までも引っ張り出さねばならなかった。[163]

VI. スカンジナビア語の影響

6.1. 歴史的概観

　スカンジナビア語が英語に与えた影響は8世紀の後半に始まった（『アングロ・サクソン年代記』はスカンジナビア侵入者の最初の襲撃を787年と報告している）。その影響は11世紀にイングランドが一時デーン人の支配下に陥った時に，頂点に達した。この時期に強力なデンマーク王クヌート（Cnut, Canute）がイングランドを支配した。彼はデンマークとノルウェーも支配下においた。[164] この時代全体をヴァイキング時代（The Viking Age）と呼ぶ。[165]

　スカンジナビア人の影響力行使には幾つかの段階が区別される。最初は，スカンジナビア人のイギリス諸島の呼び方によれば「海の西方の」国に，散発的な侵略が行なわれた。これが時と共に増大して，同時に領土獲得を伴う本格的な征服になった。[166] 9世紀後半にリーダーのグースルム（Guthrum）の下に，デーン人はこのようなことを企てた。しかしながら878年にアルフレッド王（King Alfred）によって（ウィルトシャーのエディントン（Edington）の側の）ソールズベリー（Salisbury）の荒野で打ち負かされて，彼等の前進は阻止された。[167] その結果同化と安定化の段階が続き，その終わりにクヌート王とその息子達がイングランド全体の支配権を獲得できるまでになった（1016-1042）。[168]

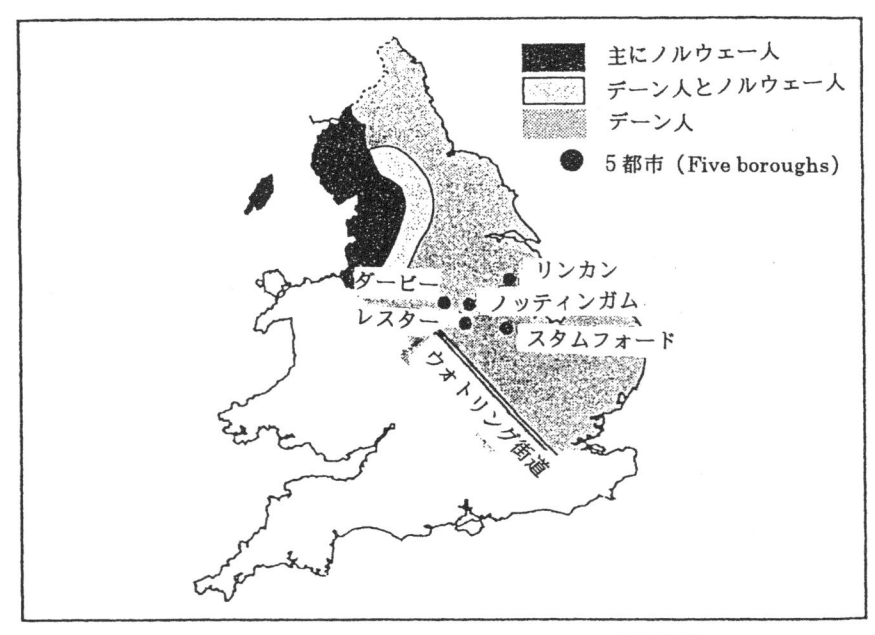

第9図　スカンジナビア人によるイングランド領土獲得

6.2. スカンジナビア語と古英語の音韻体系の異なる発達

　スカンジナビア語と古英語の音韻体系はゲルマン祖語以来分化していた。しかしながらスカンジナビア借用語を通して，失われていた共通点の幾つかが（一部は変更されていたが）中英語に伝えられた。しかし本来語（英語）と借用語（スカンジナビア語）の音が異なる場合，スカンジナビア語によって英語が放棄されない時には，しばしば意味の分化が起こった。

6.2.1. 子音の特徴

　とりわけ古英語に特徴的なのは，口蓋母音の前の軟口蓋閉鎖音 g, k および音結合 sk の扱い方である。これらの音は英語では口蓋音（/j/, /tʃ/）化お

よび歯擦音（/ʃ/）化した。それに対してスカンジナビア語（北ゲルマン語）では，この発達は起こらなかった。

例：

6.2.1.1 軟口蓋閉鎖音 g

古英語形 giest, gield（近代英語 guild, 新高ドイツ語 Gilde を参照），giefan, gietan（近代英語 get; 屈折過去時制形 geat, 過去分詞 geten）に古ノルド語 gestr, gilde, gefa, geta（gat, getenn）が対応した。[169]
そこから中英語の二重形 yest/ gest, yild/ gilde, yive(n)/ give(n), yite(n) (yat, yeten)/ gete(n)（gat, geten）が発達した。[170]
guest, guild, give, get の現代英語の発音は，これらすべての場合に，スカンジナビア語の形が受け入れられたことを示している。

6.2.1.2. 軟口蓋閉鎖音 k

古英語形 circe（異形 cyrice. ギリシャ語 kyri(a)kón (doma)「主に属する」），[171] cyr(e)n, ciest, cietel （ラテン語 catinus「大鍋」の指小詞 catillus からの共通ゲルマン語の借用語）[172] に，古ノルド語 kirkia, kirna, kista, ketell が対応した。[173]

これらの形の反映を中英語の二重語 chirche/ kirk(e), chirne/ kirne「（バター製造用の）撹乳器」, chest/ kiste, chetel/ ketel が示している。

近代英語の church, churn, chest は，古英語から受けついだ形の生き残りを示す（しかし The Kirk of Scotland 対 The Church of England におけるスコットランドの kirk を参照）。しかしながら近代英語 kettle の場合はスカンジナビア語形の方が強いことを示した。

6.2.1.3. sk（語頭音で）

古英語 scyrte, scio「雲」は古ノルド語 skyrta, sky と対立している。それらに対応するのは中英語の shirt/ skirt（近代英語 shirt と skirt では意味が分化している）と中英語および近代英語の sky（いずれにせよ 1 例しかない古英語 scio の反映は中英語と近代英語にはない）。音結合 sk の場合は，近代英語には，古英語にその対応語がなかったと思われる比較的多数のスカンジナビア借用語がある：たとえば近代英語 skill, skin.[174] 古英語の sk は語頭では最終的に原則として口蓋音化して（800 年ごろ），ついには軟口蓋母音および子音の前でも歯擦音（/ʃ/）化した。[175]

6.2.2. スカンジナビア語の母音の反映[176]

6.2.2.1. スカンジナビア語 ai

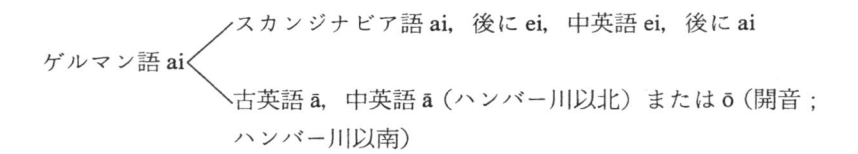

ゲルマン語 ai ⟨ スカンジナビア語 ai，後に ei，中英語 ei，後に ai

古英語 ā，中英語 ā（ハンバー川以北）または ō（開音；ハンバー川以南）

したがって二重母音 ai は英語の音韻体系から失われた。しかしながら音結合 eg と æg の発達（古英語 weg，中英語 wei，近代英語 way；古英語 dæg，中英語 dei，近代英語 day を参照）[177] によって，回り道をしてそれを取り戻したので，中英語時代に二重母音 ei を含むスカンジナビア借用語の受け入れが容易になった。これらのスカンジナビア借用語には中英語 nay（古ノルド語 nei，近代英語 nay 'no'），thei（古英語 þā に相当した古ノルド語の指示代名詞；近代英語 they），reyse(n)（古ノルド語 reisa，ゴート語と同様の古い raisjan から来た古英語 ræran；[178]近代英語 raise）がある。古ノルド語 sveinn「若者」は少なくとも近代英語 boatswain「甲板長」の綴りにはっきり現われている。発音は [bə́usn] である。[179]

VI. スカンジナビア語の影響

6.2.2.2. スカンジナビア語 au[180]

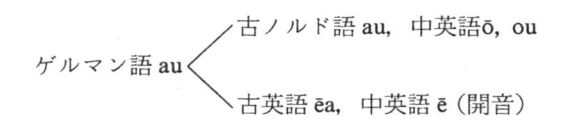

ゲルマン語 au ╱ 古ノルド語 au, 中英語 ō, ou
　　　　　 ╲ 古英語 ēa, 中英語 ē (開音)

例：古ノルド語 laus-s 'loose', vindauga 'window' は中英語 loos (チョーサー), windoge (初期中英語), windowe になる。古英語 lēas, ēage がこれらに相当したが、前者は英語の形容詞接尾辞 -less に保たれた。古英語で「窓」を表わす語は ēagþyrel (þyrel = 'opening, hole', nosþyrel, 近代英語 nostril を参照)[181]だったが、スカンジナビア語には太刀打ちできなかった。

6.3. 英語のある語がスカンジナビア起源かどうかという問題を最も確実に決定するのは音の規準である。しかし古英語にもスカンジナビア語にも存在する語の場合には、時に語義が情報を与える。たとえば近代英語 plough に相当する古英語 plōh は耕地の単位を表わしたが、古ノルド語 plógr は鋤を表わした。[182] したがって近代英語の plough はスカンジナビア語からの借用である。スカンジナビア借用語は北欧人がアングロ・サクソン人に対して優越性（いわゆる文化的付加価値）を持っていた生活領域から出ている。特に目につくのは立法と航海の領域の借用語である。しかし借用は原則として日常的性格を持ち、それがイングランド人とスカンジナビア人の社会的な近さと近隣関係を強調する。[183]

Ⅶ. フランス語の影響

7.1. ノルマン征服：前史

　デーン人の王スヴェイン（Sveinn）がイングランド支配を始めてから（1013年），エセルレッド無策王（Æthelred the Unready）[184]はノルマンディーに逃れた。そこで彼はノルマンディー公リチャード一世の娘と結婚した。[185] この結婚でエドワード証聖王（Edward the Confessor）が生まれた。彼は──ノルマンディーで育ち教育されて──イングランドにおけるデーン王朝が終わった後に統治した（1042-1066）。エドワードの親戚の1人（またいとこ）がノルマンディー公ウィリアムだった。エドワードはウィリアムのイングランド訪問の際に，彼にイングランド王位継承を確約したと言われている。

　しかしながら，この約束にもかかわらず，イングランド人ハロルド・ゴッドウィンソン（Harold Godwinson）がイングランド王位継承者に決められた。彼は功績のある軍司令官で，ウェセックスおよびケント伯の有力なゴッドウィン（Godwin）の息子だった。ハロルドにも，王位継承決定に重要な姻戚関係があった。つまりエドワードはハロルドの姉妹と結婚していた。

　エドワードの死のわずか1日後にハロルドは王に選ばれた。[186] ノルマンディー公ウィリアムは，この既成事実の後に，──彼の考えでは──合法的権利のある継承が横取りされたと思った。一方ではエドワード王が彼に与えた言葉を引き合いに出した。しかし他方では中世の理解によれば妥当な誓約を盾に取った。彼はその誓約を「簒奪者」ハロルドに強要したのだった。つまりハロルドは1064年に，エドワードの依頼による遠征の際に，誤ってノルマンディーに上陸して，イギリス王位への要求を支持するという条件でのみ，ウィリアムによって釈放されたらしい。

VII. フランス語の影響

　その結果1066年10月14日に，有名なヘースティングズ（**Hastings**）の戦いになった。そこでウィリアムの侵入軍は教皇の祝福を受けて，—— ノルウェー王に対する出兵で疲れ果てていた —— ハロルドの戦力を打ち破った。一方で，ハロルドの対ノルウェー人防御，他方でローマ化したノルマン人の勝利が，イギリス史の転機になった。すなわちイングランドは北欧との密接な結びつきから離れて，ロマンス語系民族の特徴を与えられたヨーロッパ大陸の方に向いた。

7.2. フランス語の影響の2段階

　ウィリアムの征服後にイングランドに定着したフランス人の上層階級と共に，2言語使用の時代が始まり，14世紀末まで続いた。上層階級はフランス語 —— 最初は北部フランスの方言（ノルマンディー・ピカルディー方言）—— を話したが，土着の下層階級は古英語から受けついださまざまな方言を話し続けた。しかしフランス語を話す上層階級によって，英語はますますフランス語の影響に曝された。

　1204年にイギリス王ジョンはノルマンディーを失った。その後イギリス貴族は，イギリス王かフランス王かいずれかの主権を認めねばならないという決定の前に立たされた。それに続いて大陸のきずなから次第に解放される過程が13世紀半ば（1250年）ごろ終わった。[187] 他方，同時代にフランス王の都市パリが，ヨーロッパにおける政治的優位を持って，文化的優位をも獲得したが，それはとりわけパリ大学の名声によっていた。[188] これがイングランドではフランス語の復興につながった。このフランス語は，そのころには田舎風にみえた北部フランス語の特徴をもはや持っておらず，[189] イル・ド・フランスのフランス語に合わせていた。したがって我々はイングランドにおける影響の2段階を区別しなければならない。第1段階は北部フランス語の地域的変種の強い影響下にあって，ノルマン征服から13世紀半ばごろまで続いた。第2段階は中央フランス語に支配されて，14世紀末に終わった。[190]

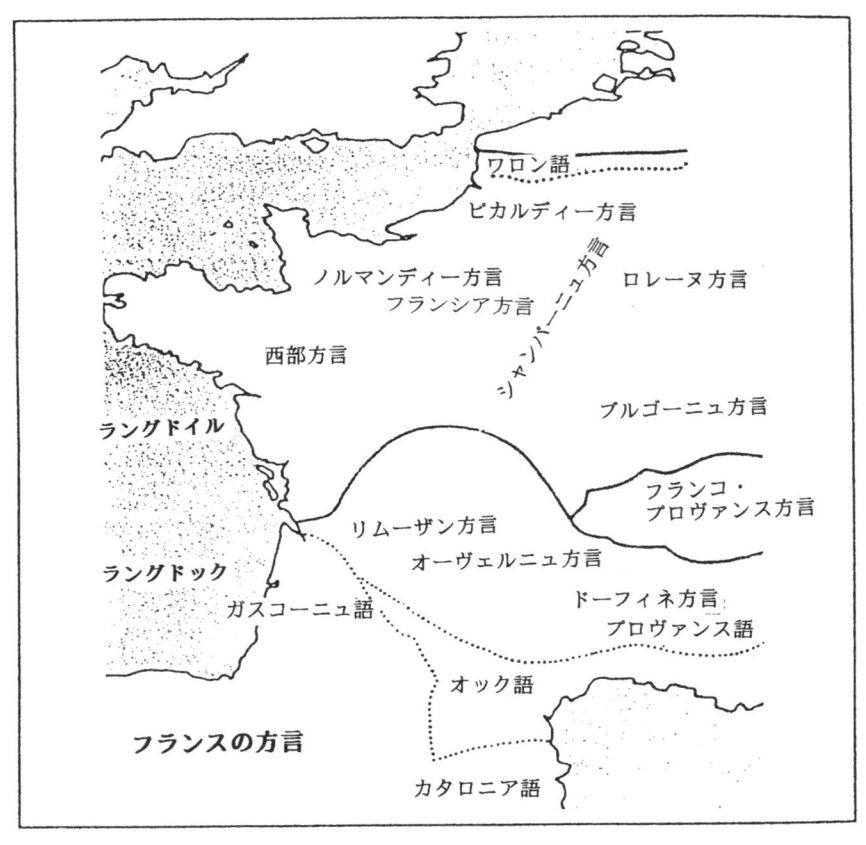

第10図　フランス語の方言

7.2.1. 北部および中央フランス語の音の反映

7.2.1.1. ラテン語の音結合/ka/は二つのフランス語方言で異なる発達をした。北部フランス語では軟口蓋閉鎖音 /k/ が保たれたが，中央フランス語では /tʃ/（歯口蓋摩擦音）に代わった。[191] そこでラテン語 cameram「部屋」は北部フランス語で cambre，中央フランス語で chambre になった。[192]

VII. フランス語の影響

7.2.1.2 二つ目の発達は，語頭およびさまざまな位置の語中音におけるラテン語の音結合/ke/, /ki/, /te/, /ti/に起こった。[193] そこから中央フランス語では破擦音/ts/が生じ，それが12世紀と13世紀の変わり目ごろに歯音の前打音（/t/）を放棄して単純な/s/になった（共にcと書かれた）。[194] この発達の1例は，ラテン語circare「（捜して）歩き回る」（ラテン語circum「…の周りに」から），中央フランス語cerchier「捜す」である。[195] 中央フランス語の/ts/, 後に/s/, に対して，北部フランス語では歯口蓋摩擦音/tʃ/（chと書かれた）が通用していた。[196] ラテン語*ceresiam「さくらんぼう」が（中央フランス語ceriseに対して）北部フランス語でcheriseとなっているのがその1例になるだろう。[197]

7.2.1.3. 「追い込んで捕える」という原義のラテン語の動詞*captiare（ラテン語capereから来て，音結合/ka/と/ti/を持つ！）の反映が，両方の音発達を示す：

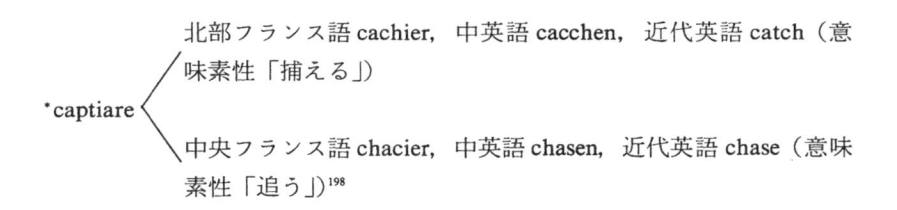

*captiare ┌ 北部フランス語cachier, 中英語cacchen, 近代英語catch（意味素性「捕える」）
         └ 中央フランス語chacier, 中英語chasen, 近代英語chase（意味素性「追う」）[198]

7.2.1.4. 現代フランス語の地名が北部フランス語/ka/と中央フランス語/tʃ/の元の方言的区別を覚える助けになる：[199]

北部フランス語 Cambrai（ラテン語Camaracusから）, Calais（?*Calácis）, Caen（*Catúmagus）, Camembert（Campus Maimberti）；

中央フランス語 Charleville（Caroli villa）, Chantilly（Cantiliacus）, Chartres（Cárnotas）.

英語史の基礎知識

7.2.2. ゲルマン借用語の語頭の w-

ゲルマン語の/w/（有声両唇半母音）はロマンス語にはなかった。ゲルマン借用語におけるこの音の受け入れに際して，ロマンス語系民族は回り道をして軟口蓋閉鎖音/g/を経由してそれに達した。彼等の言語では/w/は/g/の後に生じたからである（例えばラテン語 lingua「舌」, distinguere「区別する」などの形で）。[200]

例：ゲルマン語 *werra「混乱，争い」, 俗ラテン語 guerra, 中央フランス語 guerre.[201]

しかし北部フランス語では/w/の発音が保たれたので，そこでは werre（それから近代英語 war）[202] が中央フランス語 guerre に対応した。[203]

フランス語からの初期の借用語は，その結果語頭音にゲルマン語の/w/を示す。同一語が異なるフランス語方言地域から，また異なる時代に借用されると，時々二重語が生じた。ゲルマン語 *warðo, 北部フランス語 warde, 中央フランス語 garde が一方では近代英語 ward「病室（監視の意味素性）」を，他方では guard「見張人」を生じた。[204]

7.2.3. 無声子音の前の保たれた s：北部フランス借用語のもう一つの基準？

フランス語では —— 北部フランス語でも中央フランス語でも —— 無声子音の前にある s は 13 世紀の間に黙音になった。[205] 英語のフランス語からの借用語は原則としてこの s を保っているので，我々はすべての場合に 13 世紀半ばまで影響力を持っていた北部フランス語からの借用であるという仮定から出発しなければならない。これは北部フランス語 castel（ラテン語 castellum「とりで」；現代フランス語では château）から来た中英語 castel, 近代英語 castle のような借用語の場合には，同時に保たれた語頭音の/ka/によって完全に証明される。ただしここに属する英語の例は，13 世紀半ば以前には認

められないであろう。いずれにせよ中英語の単語には例外，つまりsのない形，はないようである。[206] 近代英語 hotel [həutél] のような借用語 —— 近代英語 hostel「ユースホステル」(13世紀の借用) とフランス語 hôtel を比較せよ —— は第2音節にアクセントがあることだけで後の時代 (16世紀) に属する。[207]

7.3. 英語語彙のフランス語要素

　イギリスの女流作家ドロシー・セイヤーズ (Dorothy Sayers) の推理小説からのクロスワードパズルの語の例で，フランス語からの借用の特徴がよく説明される。名探偵ピーター・ウィムジー卿 (Lord Peter Wimsey) の実直誠実な召使バンター (Bunter) は7文字でsが真中にあって'2'の意味の1語に頭を痛めている。[208] ピーター卿は ambsace という語で彼を助ける。それは「ぴんぞろ」すなわち「2個のさいころを振って1 (ace) がそろって出ること」で，中世のさいころ遊び hasard [近代英語 hazard] で最悪の振りを意味した。[209] この語の使用は中世最古の聖史劇 (mystery play)『地獄の征服』(*The Harrowing of Hell*) の1ヶ所にかなりよくみることができる：[210]

　　stille be thou, sathanas,
　　the ys fallen ambesaas!
　　wendest thou ich were ded for noht?
　　thourh my deth ys monkyne boht!
　（だまれ，サタン，
　　お前は貧乏くじを引いたのだ！
　　私が犬死したと思っているのか？
　　私の死によって人類が救われたのだ！）

　ここで特徴的なのは，封建貴族でフランス語を話す上層階級の文化と生き方に密接な関係を持つ意味領域からのフランス借用語を知っているのが，ピーター卿を含めて —— 貴族で —— 上層階級に属する1人だけだということであ

47

る。したがってイギリス中世の言語社会学的状況——一方ではフランス語を話す上層階級，他方では英語を話す下層階級——が20世紀の状況にもなおはっきりと反映している。

7.3.1. 意味領域からみたフランス借用語

スカンジナビア語からの借用の場合とまったく同じように，フランス語からの新たな借用も，フランスの文化が勝っていることが明らかなすべての生活領域で起こった。詳しく言えば，宮廷生活，行政と裁判，教会，芸術と文学，余暇の利用である。ファッションや美食の問題に専念したり，ダンスやスポーツや遊びに熱中したりする時間と金を持っているのは上流階級だけだった。

7.3.1.1. 英語の貴族の称号

現代の英語にはつぎのようなフランス語起源の貴族の称号がある：

prince（古フランス語 prince, ラテン語 principem）「小国の君主」（13世紀），「王家の男性」（14世紀）；[211]

peer「（地位などが）同等の」（13世紀），「貴族の一員」（14世紀）（古フランス語 per, ラテン語 parem）（現代フランス語 pair）；[212]

duke「公爵」（12世紀）（古フランス語 duc, ラテン語 ducem）；[213]

marquis [máːkwɪs]「（元来）国境地帯の君主；侯爵」（duke と earl の間の階級）（14世紀）（中英語 marchis, 古フランス語 marchis, 後に marquis；ラテン語 marca, marcensem から）；[214]

viscount [váɪkaʊnt]「count または earl「伯爵」の代理人；子爵」（14世紀）

（古フランス語 visconte, 中世ラテン語 vicecomitem）;[215]

baron「王の最下位の封土所持者；男爵」(12世紀)（古フランス語 baron [ber の対格]；中世ラテン語 baro, -onem「人，武士」）。[216]

英語の貴族の称号の中で最高の二つ，king と queen,だけが古英語から受けつがれた（古英語 cyning, cwēn）；さらに earl「伯爵」（古英語 eorl「武士」）と knight（古英語 cniht「若者，武士」；後者は「意味の向上」の例）。[217]

7.3.1.2. フランス語の影響は特に貴族と関係のある周辺領域でも明らかである。たとえば紋章学の専門用語がそうである。紋章学専門用語の色彩語をゲルマン語から受けつがれた一般的な対応語と比較せよ：argent—white; gules—red; vert—green; sable—black.[218]

7.3.2. 法律用語

それ以外ではほとんど知られていない14世紀初めのイギリスの年代記作者トマス・ベック・オヴ・カースルフォード（Thomas Bek of Castleford）[219]が，いかにアングロ・サクソンの裁判がフランス語のそれに取って代わられたかについて，二つのひどい詩を作った。ウィリアムは自分に対して蜂起したすべての人々がフランス語で有罪判決を受けるように，州長官と判事を任命したと作者は北部方言で書いた。イギリス出身の奴隷達 —— bondes または bondsmen は，フランスから来た新しい主人とは反対に不自由身分である —— はこの裁判の形式のために，良いにしろ悪いにしろ，どのような判決を下されたのかわからないようでなければならなかった。分別のない家畜のように，彼等は裁判官の意志に支配されねばならなかった！[220]

Schirefes he (i. e. William the Conqueror) sette and ek iustise
On alle that walde agains him rise
Tho domes to saie in Frankisse toung

[...]
ffore the bondes of Englisse linage
Salde noght witte bi the langage
How thai tham dampnede, wele other ille,
Bot als bestes stande to thar wille!

(Sheriffs he (i. e. William the Conqueror) set and also justice
On all that would rise against him
To say the judgements in the French tongue
[...]
For the bondsmen of English lineage
Should not know by the language
How they damned them, well or ill,
But as beasts stand to their will!)

ノルマン人の法律用フランス語は1731年までイギリスの法廷で存続していた。その間にそれは島で孤立して，屈折が完全に貧困化した結果，大陸の言葉とはもはや共通しない形のフランス語 (mongrel French「雑種フランス語」) になった。[221]

フランス語法律用語の例：

petty「小さい」，中英語 pety (14 世紀) (古フランス語 petit, ラテン語 *pittitus, *pittitare「小さくする」から)：たとえば petty treason「小反逆罪」, petty larceny「軽窃盗 (罪)」, petty constable「小警察吏」, petty jury「小陪審」など多数の法律用語に；[222]

puisne [pjúːni]「年下の」；puny「取るに足りない」(たとえば my puny efforts) (フランス語 puis, ラテン語 postea「後に」+né, ラテン語 natum「生まれた」から) の法律用語の綴り；[223]

VII. フランス語の影響

jeofail「錯誤，過誤」(古フランス語 jeo fail (faillir から)「私は誤っている」);[224]

arson「放火」(これに関連のあるアメリカの犯罪物シリーズで，警察署の放火担当部のドアに書いてある)，古フランス語 arson, ラテン語 arsionem (ardere, arsus「燃える」から);[225]

assault「暴行」("a grave charge of assault", Anthony Shaffer), 中英語 assaut (後に fault にならって l がついた)，古フランス語 assalt, asaut, ラテン語 *assaltum, assalire「襲いかかる」から，英語 assail「攻撃する」参照;[226]

premises「土地，地所」，古フランス語 premise, ラテン語 praemissa, 本来「ある証書中で以前に記載された事項，記述事項」：この語は非常にしばしば土地および家屋使用との関連で使われたので，誤って「土地，地所」の意味に解釈された。[227]

　法律用語の一部は構造上でもフランス語的である。多くの場合に——そして英語の慣用に反して——フランス語の特徴である形容詞の後置を保持している。その例は heir male「男系相続人」, attorney general「法務長官」, letters patent「開封勅許状」[228] などである。「予謀の悪意，殺意」は malice prepense [pri:péns]（古フランス語 purpensé「故意の」),[229] であるが，英語風にした別形 malice aforethought では第 2 要素はアングロ・サクソン的だが，構造がフランス語に由来することを示す。

7.3.3. 食料品と料理

7.3.3.1. サー・ウォールター・スコット（Sir Walter Scott）のよく引かれる例

　サー・ウォールター・スコットの歴史小説『アイヴァンホー』(*Ivanhoe*)[230] からよく引用される 1 節で，作者は中世イングランドにおけるフランス人

とイギリス人の社会的地位を特徴づけようとした。[231] ストーリーの舞台は 12 世紀末で，当時領主の家畜飼育を任されていたアングロ・サクソン人は，動物をアングロ・サクソン語で呼び続けていた。したがって，彼等は ox, calf, sheep, swine, boar, deer と言った。[232] しかし動物が殺されて領主の食卓にのると，それらに相当するフランス語名をつけられて，現代英語でも beef, veal, mutton, pork, brawn「いのししの肉」,venison「鹿肉」という。[233]

7.3.3.2. 日常的料理の名称

現代イギリス料理の正餐と基本的な料理法の名称を尺度にすると，フランス料理（cuisine）到着以前のアングロ・サクソン料理は，全くわびしい光景を呈していたに違いない。両者の食文化の異なる性質は古英語 etan から来た to eat と古フランス語 disner, ラテン語 disjunare（disjejunare「断食を中止する」の縮約）[234] から来た to dine の動詞に大変よく現われている。一日の正餐 dinner は古フランス語の動詞 disner の名詞用法に相当し，夕食 supper（古フランス語の動詞 soper, super から）[235] も同様である。いずれの場合にもフランス語の不定詞形が保たれた。[236]

動詞 to boil, to fry, to roast は古フランス語 boillir（ラテン語 bullire「沸き上がる」から），frire（ラテン語 frigere「あぶる」),[237] rostir にさかのぼる。[238]

7.3.3.3. 幾つかの食物と料理

とりわけ領主の食卓に見出されるさまざまな料理や食物のフランス語名は以下の通りである：bacon（古フランス語 bacon「豚のわき腹肉」から）；[239] blancmange「ブラマンジェ」（以前の blancmanger「白い肉にドレッシングをかけた料理」，元は「牛乳で調理した白いゼリー」，の短縮）；[240] jelly「ゼリー」；[241] pastry [péistri]「練粉菓子」；[242] pasty [pǽsti; péisti]「肉入りパイ」；[243] sauce「ソース」；[244]最後に sausage「ソーセージ」。[245] この領域からのおそらく最も特徴的な借用は「おいしいもの」を表わす近代英語 dainty[246] である。

VII. フランス語の影響

ここで挙げた食物の名称の上位概念は，近代英語 viand(s) と victuals [vítlz]で，共に元来「食料品」の意味だったが，前者は今日では意味の縮小によって「肉（類）」になった。[247]

7.3.4. スポーツと遊び

フランス人の上層階級だけが，スポーツや遊びに必要な十分な余暇と財産を備えていた。[248] 貴族階級の主なスポーツは騎士の馬上槍試合と大物野獣狩りだった。したがってスポーツ活動のこれらの分野での英語の語彙は当然フランス語だった。この点で 15 世紀への変わり目，つまり，フランス語の知識が貴族階級でも非常に乏しかった時期にも，まだ槍試合の挑戦がフランス語で書き記されたのはいかにもありそうなことである。[249] 貴族と正反対に，職人や農民はたとえば年の市で行なわれるレスリング（wrestling）[250] や石投げ（stone putting）[251] のような地味なスポーツをして楽しまざるを得なかった。これらに必要な語彙がアングロ・サクソン語の要素から合成されたことは同様に理解できることであった。[252]

球技試合は中間的位置を占める。それらは一般に騎士の馬上槍試合の特殊種目のパロディーとして受け取られ，城門への攻撃が模倣された（古フランス語 pas d'armes, 英語 passage of arms「打ち合い」）。城門を奪おうとする戦いはまずフットボール（北部フランス語 choule,[253] 中央フランス語 soule）で，つぎに同じルールによるが，曲がった牧杖を使って行なうホッケー（soule à la crosse）で模倣された。中世の修道院の回廊で聖職者が行なったフットボールの一つの形であるテニスが，後にそれと同じ原則に従った。それは修道院で教育を受けていた貴族の寄宿生にはすでに早く知られていた。フットボールも，そして部分的にはテニスも，上層階級の遊びではなかったにもかかわらず，その言葉はフランス語が非常に多い。それは両者共に騎士と宮廷の馬上槍試合用語にならっていたからである。[254]

遊びではチェスとバックガモン（すごろく）が貴族の領分で，さいころ遊び（賭博）は両社会層で行なわれていたらしいが，14 世紀後半に現われたトランプはおそらくむしろ下層階級の遊びだった。[255]

7.3.4.1. 馬上槍試合の表現

　tourney「馬上槍試合」という語は古フランス語の動詞 torneier からの派生語であるが，これは「馬首を早くめぐらす」の意味のラテン語形 *tornidiare にさかのぼる。[256] tourney の同義語は中英語 burdis[257] だった。これはフランス語の動詞 behorder「馬上槍試合を開催する」の派生語である。[258] 馬上槍試合は，そのいろいろな種目に反映している当時の作戦の技能を磨く機会を中世の貴族階級に与えた。馬上槍試合と呼ばれた種目（tourney, tournament）は騎馬戦に相当したが，そこでは，特別な紋章の色によって目印をつけられた騎兵の群れが攻撃と反撃を行ない，果てはつかみ合いにまでなった。長槍を持った2人の騎士が互いに向かい合って突進すること，つまり馬上の決闘は，joust（ドイツ語 der Tjost, die Tjoste）「馬上槍試合，一騎打ち」と呼ばれた。[259] 城の攻略はいわゆる pas d'armes「険路守衛の騎馬試合」で追体験された。ここで城門を守る兵員は tenants「防衛者」，攻撃者は venants「到来者」（古フランス語 tenir, venir から）と呼ばれた。攻撃と反撃は三つのすべての馬上槍試合の形式において，古フランス語の名称 chace および rachace で呼ばれた証拠がある。

　攻撃を表わす名称，古フランス語 chace（ラテン語 *captia から）は，北部フランス語形 cache でスコットランド英語におけるテニスを表わす最も古い名称を与えた（スコットランド英語 caich, i が長く発音は [kɑːtʃ]；15世紀）。他方 pas d'armes でディフェンダーにあてて言われたその地位を守り抜くようにという要求（古フランス語 tenez!「守れ」）は，現代英語のスポーツ名 tennis を与えた。[260]

　チェスを表わす名称 chess と，バックガモンを表わす名称 tables[261] はフランス語から出ている。chess は古フランス語の複数形 esches が基になっているが，古フランス語の単数形 eschec は英語の動詞 to check「チェックする」と check!「チェック！，王手！」という叫びを与えた。[262]

　さいころとさいころ遊び（賭博）を表わす英語 dice は古フランス語 de の複数形 des に相当する。ここで中英語 e はすでに早く i に高められたので，

Ⅶ. フランス語の影響

第11図：中世の「馬上槍試合」の最終段階。騎士達はレスラーのつかみ合いに移っている。「ヘッドロック」された敗者はヘルメットを失って，敵によって剣の刃の平らな面でさんざん打たれる。ヘルメットが失われたために，hauberk「（首を保護する）鎖かたびら」(haubergeoun の指小辞）も見える。（有名なマネッセ（Manesse）写本から）

英語史の基礎知識

第12図：中世の馬上槍試合で長槍が折れている。長槍の先に小さな冠（中英語 coronal, アングロ・フランス語から）がある。

Ⅶ．フランス語の影響

第13図：グロスター（Gloucester）大聖堂のミゼリコルド（misericord［聖歌隊席の蝶番式腰掛け板の裏につけた突出部］）にある中世のフットボール（14世紀）。この野卑な球技は素朴な人々の「トーナメント」だった。フランスではこの球技は soule と呼ばれた。北部フランス語 choule は中英語の動詞 chulle(n)「フットボールをする」を生じさせた。

des は dis になって，「大母音推移」をこうむった。[263]

　さいころ遊びから来た数詞の一つはすでにみた：ambsace. この中にはさいころ遊びの語 ace「エース」が含まれている。1から6までのその他の数は，ふつうの数詞とは違ってつぎの通りである：

2 ＝ deuce
3 ＝ trey
4 ＝ cater
5 ＝ cinq
6 ＝ sice

　これらの中で ace はトランプ遊びに，deuce「ジュース」は今日のテニス

57

第14図：中世のテニスは，最初はフットボールの原則に従って修道院の回廊で行なわれた。それを明らかに示すのは，テニスコートに不可欠な傾斜した屋根つき回廊である（古フランス語 apentis から来た英語の penthouse「差し掛け小屋」）。

に生き続けている。これはラテン語 duo の対格 duos から古フランス語 deus を経て英語に達したが，[264] よくあるようにイギリス人の側の誤解から発している。彼等は古フランス語の前置詞句 a deus（いわゆる「後部省略」（back clipping）によって短縮されたもので，完全な形は現代フランス語では être à deux points du jeu「（テニスで）互角である」だろう）の前置詞を不定冠詞と思って，それに応じて短縮した。これらの数詞の幾つかがチョーサー（Chaucer）の作品の2ヶ所で具体的に説明されている。一つは「修道士の話」(*The Monk's Tale*) で不運なアレクサンダーについてである：[265]

Thy sys Fortune hath turned into aas;
（運命の女神がお前のさいころの6を1に変えたのだ）

また「免償状売りの話」(*The Pardoner's Tale*) では，賭博熱に浮かされた賭博師達がつぎのような言葉で口汚くののしり合う：[266]

Ⅶ. フランス語の影響

第15図：レスリングと石投げは明らかに田舎風のスポーツで，したがってそれに用いられる名称も古英語から借りている。

Sevene is my chaunce, and thyn is cynk and treye!
By Goddes armes, if thou falsely pleye,
This daggere shal thurghout thyn herte go!
（7がおれのチャンスで，お前のは5と3だ！
神様の腕にかけて，お前がだましたりしたら
この短剣でお前の心臓を突き刺すぞ！）

注

1. Burrow, p. 6: "'[...] no philologer could examine them [上記の諸言語] at all without believing them to have sprung from *some common source,* which perhaps no longer exists.'"
2. De Saussure (1913年没) の主著で学生の講義ノートから Charles Bally と Albert Sechehaye が編集した*Cours de linguistique générale*は 1916 年に Lausanne と Paris で出版された。Bally と Sechehaye による初版への序文 pp. VII-XI 参照。De Saussure については Dinneen, pp. 195-212 参照。
3. 彼の主著のタイトルは*Language*で，1933 年 New York で出版された。それは 1914 年 —— したがって de Saussure の著作とほぼ同時に —— 同じく New York で出版された前身の増補版である。Bloomfield, p. vii [Preface]参照。Bloomfield の評価は同じく Dinneen, pp. 239-298 にみられる。
4. Trier, p. 189 に引用された de Saussure の言葉 "Dans la langue il n'y a que des différences"「言語には差異しかない」を参照。
5. samskṛta という語は「標準化された」と同じ意味である。
6. Lehmann, p. 23 参照。
7. ラテン語と古ペルシャ語（アヴェスタ語）の「百」を表わす語による。
8. ここでの問題はいわゆる等語線（isogloss）である。J. G. A. Bielenstein が 1892 年に方言地理学のために作った表現について Chambers and Trudgill, p. 103 は以下のように詳しく述べている：" He [i. e. Bielenstein] modelled his new term on the meteorological term *isotherm,* a line drawn between two locations with the same average temperature. Isogloss literally means 'equal language' (*iso + gloss*). Presumably, the term is intended to convey the fact that a line drawn across a region will show two areas on either side of it which concur on some aspect of linguistic usage but which disagree with each other." もちろん言語史の初期についても等語線の存在はおそらく仮定できるだろうが，地理的に正確には決められない。
9. Ernst Meyer, p. 287（地図）参照。
10. Chambers and Trudgill, pp. 108f. (p. 110 の地図) と p. 184 を参照。アメリカ英語における同じ位置の r の発音は同様に地理的「周辺現象」と解される。
11. ラテン語 centum の語頭音 k について，歴史言語学，特にいわゆる「青年文法学派」の伝統的解釈に対してイタリアの「新言語学派」の側から述べられた説明を比較されたい。青年文法学派は，さまざまな個別言語の形に基づいて印欧語 *k'm̥tóm すなわち元の音 k'（=口蓋音化した k）を再建する。それに対して新言

語学派は，ラテン語 k を元の音と考える。それがイタリック語派の地理的孤立によって，今日までサルデーニャ語 kentu に保たれたが，印欧語地域の中心にあるサテム語は革新を行なった。Bonfante, p. 359 参照。「百」を表わすトカラ語 känt は同様にその周辺的位置のために語頭音を保ったと考えられた。その他ではバルト3国の言語のみに現われる「鮭」を表わす語をトカラ語に指摘する Ernst Meyer は，トカラ人の西から東への移動を仮定する（p. 271）。

アステリスク（*）をつけた形は再建の試みの結果である。それは資料には例証されない。

12. 近代英語 them と古教会スラヴ語 temu 'them', さらにラテン語 omnibus 'for all', サンスクリット tébhyas 'them' 参照。
13. たとえば Bonfante, p, 374 は，「火」を表わす2語 ignis と pyr を共に印欧祖語の基本語彙に数えていた青年文法学派と同じ方法を適用すると，ロマンス諸語に基づいて再建したラテン語はどのように見えるかという質問をしている。
14. Trubetzkoy, p. 215 参照。
15. König, pp. 40f.（および地図）参照。
16. クルガン文化に特徴的な丘墓，ロシア語 kurgán から。Gimbutas, p. 547 参照。
17. Deutschmann, p. 23 と Cowgill, p. 436 を参照。
18. König, p. 43 参照。
19. Braune, p. 24, §29 の例を参照：ラテン語 tego「おおう」, tēgula「（屋根）瓦」（語幹母音の量的変化）と toga「トーガ（古代ローマ市民の平和時のゆるやかな服）」（語幹母音の質的変化）。
20. Braune, pp. 24f., §29 参照。
21. ここと以下については Lehmann, p. 92 参照。
22. Cowgill, p. 435 参照。e の前または後の喉頭音 H_2 は e を a に変え，H_3 は e を o に変え，H_1 から H_4 まで全部で延長を引き起こす。
23. Burrow, pp. 104f., §21 参照：印欧語 e, o と a は古インド語派で a になった。
24. Lehnert, p. 62, §33, 4 参照。
25. Cowgill, p. 433（表）参照。
26. Campbell, p. 38, §100 と Lehnert, pp. 43f., §21. 1 および 3 を参照。
27. Lehnert, p. 45, §22. 2 参照。
28. Penzl, p. 63 と Lehnert, p. 45, §22. 1 参照。
29. Campbell, p. 38, §99(2) と Lehnert, p. 45, §21. 5 参照。
30. Lehnert, p. 43, §21. 2 参照。
31. Campbell, p. 52, §132(2) と Lehnert, p. 52, §26. 4 参照。
32. Lehnert, p. 51, §26. 1 参照。
33. Campbell, pp. 60f., §§157 と 158；Lehnert, p. 51, §26. 1 参照。
34. Mitchell, p. 34 に変更を加えた。

注

35. 上記規則6により過去単数でoiがaiになることを参照。
36. 上記規則6により過去単数のouがauになること；上記規則7によりauがæu（古英語ではeaと書かれた）になることを参照。過去分詞では規則2によりuがつぎの音節の影響でoとなる。それに相当する古高ドイツ語の動詞kriochanのそれと比べられる形はgikrochanである。Braune, *Althochdeutsche Grammatik*, p. 269, §333, 注1参照。
37. ここで過去単数のaは規則1によって，その他の形のuは規則4によって説明できる。過去分詞では，つぎの音節のaの前のoが（規則2参照）鼻音mの影響で再びuになった。Lehnert, p. 53, §28. 3参照。
38. 過去形は単数では規則1と7の適用で，過去複数では規則5から説明される。後者の形についてはBraune, *Althochdeutsche Grammatik*, p. 273, §340, 注1：beran, bar, bārum ('we bore'；最古の形), giboran参照。
39. ここではIV類の過去単数および複数について言ったことが当てはまる。
40. 不定詞と過去分詞の母音については規則8を参照。
41. ここで述べた音韻史的現象についてはさらに下記4. 2. 1. 2. 3を見よ。
42. この音韻史的現象についてはさらに4. 2. 1. 2. 1を見よ。
43. これについてはBerndt, pp. 32f.参照。
44. Penzl, p. 47参照。
45. Lehnert, pp. 47f., §23参照。
46. Penzl, p. 51参照。
47. 同書p. 50参照。
48. 古英語の単語はつぎの音節のjが子音重複を引き起こしたので，例証に不適当である。近代英語middle,新高ドイツ語Mitte参照。この現象については下記3. 5. 4を見よ。
49. Penzl, p. 52参照。
50. Faiß, p. 16参照。
51. Wolf, p. 31参照。
52. Penzl, p. 52参照。Görlach (p. 52)はpush chainとdrag chainと言う。
53. 高地ドイツ語の音推移とその社会・政治的基盤についてはWolf, pp. 30-47参照。「大母音推移」についてはさらに下記4. 2. 1. 2. 5を参照。
54. 古英語ではゲルマン祖語の摩擦音ðは閉鎖音dになり，摩擦音bとgは有声摩擦音のままで，fとgと書かれた。
55. Vernerが1876年に発表した論文のタイトルは"Eine Ausnahme der ersten Lautverschiebung"「第1音推移の例外」であった。それは*Zeitschrift für vergleichende Sprachforschung*に発表された。
56. Vernerの法則の働き方は今日でもドイツ語と英語の例に示される。新高ドイツ語Hannóver (発音はf) に対してHannoveráner [v]；近代英語éxercise [ks]に対し

て to exámine [gz]）。
57. この問題については Bloomfield, pp. 354-359 の説明（"Phonetic Change"について）を見よ。
58. Penzl, pp. 53f. と Lehnert, pp. 47., §23 および pp. 49f., §25 を参照。印欧語の過去複数と過去分詞の語尾は -nt（音節主音的鼻音 n の上にアクセントがある）, -énos, ゲルマン祖語では-un, -enaz である。
59. Wolf, p. 19 参照。
60. Penzl, p. 35; Wolf, p. 18 参照。
61. Penzl, p. 70 参照。
62. Wolf, p. 25 参照。
63. Penzl, p. 70 参照。
64. それは 6 世紀の写本の東ゴート語訳で保存されている。Wells, p. 41 参照。
65. Wolf, p. 24 による（簡単にした）。
66. Colgrave, p. 50 (I, 15) 参照：“Aduenerant autem de tribus Germaniae populis fortioribus, id est Saxonibus, Anglis, Iutis.” (They came from three very powerful Germanic tribes, the Saxons, Angles, and Jutes.) ビードの証言は従来ブリテン島植民についての唯一のものだったが、イースト・アングリア、サットン・フー（Sutton Hoo）の有名な発見によって変更されるかもしれない。それによれば、侵略者は、少なくとも 6 － 7 世紀には、遠くスウェーデンからも来たことも不可能ではないようである。Bruce-Mitford, pp. 116-119, 第 10 章: "The Swedish connection" 参照。今日でもなお Flensburg の南に同名の地域がアングル人の原住地を示している。
67. Penzl, p. 35; Wolf, p. 18 参照。
68. フィンランド語はここに、ゲルマン語では i になった鼻音の前の古い e さえも保っている。ラテン語 ventus, 古英語 wind 参照。この現象についてはさらに上記 2. 1. 3, 規則 3 を見よ。
69. これについてはゴート語 hriggs, 古高ドイツ語 (h)ring, 古英語 ring ; 古高ドイツ語 chuning, 古英語 cyning ; 古フランス語 gant, フランク語 *want, 古ノルド語 vottr を参照（König, p.47 に変更を加えた）。現代フィンランド標準語では vantus は lapanen に取って代わられ、方言のみでまだ使われている。フィンランド語 rengas の意味は今日では「（装身具としての）輪」である。
70. Wolf, p. 21 参照。入ったのは全く新しいか（win）、あるいは技術的な改良を示すものである（Kluge, p. 776. Wand「壁」の項参照：ゲルマン語 wandu-「編み細工」は動詞 winden から来たが、ローマ人によって導入された石壁 murus とは全く別の壁の作り方を示す）。
71. この語は後に北部フランス語を経て新たに英語に導入された。さらに下記 7. 2. 1. 2 を参照。

注

72. Wolf, p. 26 参照。上記 2. 1. 3，規則 5 を見よ。
73. Wolf 同所および Moulton, p. 18 参照。
74. Penzl, p. 90 参照。古い研究はここで逆行同化，すなわち最初に語幹母音に続く子音の口蓋音化を仮定した。これについては Campbell, p. 72, §192 参照。
75. 一般にいわゆる弱変化動詞は過去を動詞 tun 'to do' の形を使って作った。ゴート語 sati-dēdum 'we set' の第 2 要素を古高ドイツ語 tātum, 古英語 dǣdon 'did' と比較せよ (Lehnert, p. 106, §77 と注 2)。この動詞は語尾-jan を持つ使役動詞のいわゆる 1 類から出ている。satjan は強変化動詞 sitan 'to sit' の過去 —— すなわち sat —— に基づいて，接尾辞-jan をつけて作られた (Lehnert, p. 107, §77 も見よ)。
76. Moulton, p. 18 参照。
77. Wolf, p. 26 参照。
78. Lehnert, p. 50, §25. 3 参照。
79. Moulton, p. 18 参照。北ゲルマン語は軟口蓋音 (g, k) の場合にのみ重複を示す。これは後期共通ゲルマン語時代に北と南のグループが分離し始めたことを示している。したがって北ゲルマン語は子音重複をまだ部分的にしか受けていなかった。たとえばゲルマン祖語 *ligjan；古サクソン語 liggian, 古高ドイツ語 liggan, 古ノルド語 liggia, 古英語 licgan. Penzl, p. 76 参照。
80. Wolf, pp. 26f. による。
81. ゴート語の þ は古高ドイツ語で d になる。
82. 古サクソン語の d は摩擦音である。
83. 古英語ではさらに ā の ō への上昇が起こる。Lehnert. p. 52, §28. 1 参照。
84. 語頭音では単音化 (˚ē) を避けるためにここで h が挿入された。Wolf, p. 27 参照。
85. Campbell, pp. 3f. 参照。
86. Mercian は語源的にはゲルマン語 *marko「国境地帯」である。古英語時代にはマーシア王国の住民は Merce または Mierce「国境地帯住民」と呼ばれた。語源については Onions, p. 570, Mercian の項を参照。
87. これについては Lehnert, pp. 31-33, §17 参照。
88. これについては Berndt, p. 5 参照。彼は特に Ekwall の固有名詞研究を引き合いに出している。これは同書 p. 26, 注 1 に挙げられている。
89. これについては Baugh, *History*, pp. 192f. 参照。
90. Onions, p. 314, England の項参照。
91. Lehnert, pp. 61f., §35 参照。
92. ここでの eo は ht の前の e から「割れ (Breaking)」によって生じた。新高ドイツ語 fechten 参照。「割れ」は口蓋母音の軟口蓋子音への移行の際に生じた。主に h, h+子音，r+子音の前で æ と e が ea と eo に「割れ」た。l+子音の前では æ だけが二重母音化して ea になった (l で始まる limited breaking がヒントになる)。

Mitchell, p. 35f., §§96, 97 と Lehnert, pp. 53-55, §29 参照。
93. ここで ēo は語源的で、ゲルマン語 *fleugan からである。
94. ここで ēa はゲルマン語 au から生じた。ゴート語 augo 'eye', hauhs 'high' 参照。
95. これについて詳しくは Berndt, pp. 17-20 参照。
96. ハンバー川以南にある中英語方言のこの音的特徴についてはさらに下記 4. 2. 1. 2. 3 を参照。
97. これについて詳しくは Berndt, pp. 25-27 参照。ハンバー川以南の地域では一番端の母音 i と u も延長して閉じた長母音 ē と ō になることはなかったが、この延長が後に影響力の大きな東中部地域の特徴である。そこから、たとえば week（古英語 wicu）, door（古英語 duru）, wood（古英語 wudu）など幾つかの頻度の高い語が近代標準英語に入った。Berndt, p. 28 参照。
98. Diez, pp. 135-141 と Mossé, pp. 20-22（地図つき）を参照。
99. 上記 4. 2. 1. 2. 1 を見よ。
100. Diez, pp. 140f. 参照。
101. Berndt, p. 6 および p. 18, 注 1 参照。
102. ここと以下では Mossé, pp. 23-25 参照。
103. 詳しくは Diez, pp. 144-148 参照。
104. 14 世紀半ばごろのイングランド北部における（古英語 y の反映としての）i の発音についての注目すべき、また信頼できる例をイングランドの司教 Thomas Bradwardine が提供する。すなわち彼は cows を表わす語は北部ではラテン語の関係代名詞 qui のように発音されると言う: "Per vaccam illam notabitur hec diccio 'qui' secundum pronunciacionem boralium." （北部の人々の発音によれば、'qui' という語は「雌牛」によって再現されるであろう）(Gillmeister, "An Intriguing Fourteenth-Century Document", p. 114 により引用。）古英語の主格複数 cȳ 'cows' については Campbell, p. 254, §628 (2) を参照。北部の複数形は近代英語 kine（古英語の属格複数 cȳna から）を保っている。Onions, p. 506, 当該語参照。
105. 文字 z はここではイングランド南部に特徴的な「後期古英語語頭音有声化」すなわち無声摩擦音の有声化を反映する。この現象の反映を近代英語 vat「大桶」と vixen「雌狐」（古英語 fæt, fyxen）が示している。Diez, pp. 161-165 と Mossé, p. 39 を参照。南部イングランド方言ではこの現象は今日まで認められる。Dorothy Sayers の 1932 年の小説で、漁師 Pollock は警察の尋問で "I zee（=see）a vule（=fool）of a woman, caperin' about on the beach [...]" と言った。Sayers, p. 131 参照。今日の標準英語では語頭音の v はその他ではロマンス借用語のみに保たれており、それが英語における分布変化につながった。古英語では語頭の /v/ は元来不可能だった。
106. Onions, p. 571, merry の項参照。いかに詩人 Geoffrey Chaucer が、詩的表現を高めるために、merry: bury の脚韻で方言の発音変種を使うことができたかを、

注

Gillmeister, "Chaucer's *Pardoner's Tale*", pp. 70f.が示している。
107. 中英語のiのbirdなどにおける近代英語の発音（Jonesによれば18世紀に到達した）については，Faiß, p. 99, §1. 5. 35. 7 参照。
108. Onions, p. 129, bury の項参照。
109. Onions, p. 130, busy の項参照。
110. 表は Barber, p. 290 による。中英語の文字 e と o の発音についての一層説得力のある決定は古英語に基づいて可能であるが，その知識はここでは前提としていない。これについて詳しくは Baugh, *Chaucer's Major Poetry*, pp. xxvf.参照。
111. これについて詳しくは Barber, pp. 290-294 と Görlach, pp. 52f.を参照。
112. Barber, pp. 290f.参照。
113. 1415年の後間もなく生まれたアジャンクール（Agincourt）の戦いについての歌謡に（pa[l]mpley[e]s「テニス」[フランス語 jeu de paume「平手でする球技」参照]でなく）pamplys という綴りが現われる。この綴りは，同じ写本のY, 近代英語 I「私」, の発音が pley の発音の方に変化したに違いないことを示す。関連背景が Gillmeister, *Kulturgeschichte*, p. 141 にある。
114. Berndt, p. 4（地図の説明）と Mossé, pp. 76f.を参照。語尾-es はいろいろに説明される。Campbell, p. 301, §735 は（同様に2, 3人称単数が一致したスカンジナビア語の影響かもしれないが）ノーサンブリア方言で, 2人称から3人称への類推的拡張と考え, Potter, p. 881 は-eth の発音の際に無意識に舌を引っ込めた結果, 後部歯音の s が生じたと考える。
115. 法律用語の形 witnesseth「証言する」については Crystal and Davy, p. 207 を参照。
116. Mossé, pp. 76-78, §93 と第10図参照。
117. Mossé, 同所参照。
118. たとえば古英語 bletsian 'bless', それから bletsung, 近代英語 blessing が派生した。
119. Onions, p. 474, -ing^2 を参照。
120. Mossé, p. 58, V. 1 参照。
121. これはスカンジナビア語の指示代名詞 sá 'the' の複数 þeir から。Onions, p. 916, they の項 ; Ranke, p. 53, §31 ; また Mossé, p. 58, V. 2 を参照。
122. これは古英語の与格複数形（古英語 him）で, 対格に拡張された。
123. 古ノルド語 þeim, Ranke, p. 53, §31 参照。
124. Jespersen, p. 66, §72 参照。
125. Krahe, Vol. 1, p. 47, §27 参照。
126. Krahe（上掲書, pp. 47f.）が言うようにこれはゲルマン語の erláuben 型の複合動詞の成立以前だが, —— おそらくそれより古い —— Urlaub 型の複合名詞（第1音節にアクセント）の成立以後に起こったに違いない。アクセントがある時は u の音質は残ったが, 弱アクセントの場合は弱まって e になった。
127. Berndt, p. 115 参照。中英語では長母音は複合語の第2要素にのみまだ起こった。

特に接尾辞-dōm は明らかである。（元来長母音で，その後-dam, -dum, -dem などさまざまな短い形で現われる。）
128. Berndt, p. 116 と Baugh, *History*, p. 159 参照。
129. 英語では indeterminate vowel「あいまい母音」。母音の均質化は 12 世紀末には終了しただろう。Baugh, *History*, p. 159, §112 参照。14 世紀には，教養あるロンドン市民の話し言葉では，屈折語尾のあいまい母音は完全に消失していたが，Chaucer などの作家によって，韻文の充填のための文学的慣習として必要に応じて引き続いて利用された。これについて詳しくは Baugh, *Chaucer's Major Poetry*, p. xxii と pp. xl-xlii: "The Versification of Chaucer" を参照。
130. 同じ類に中性も属したが，複数の主格と対格だけでは異なる語尾を持った。すなわち短い語幹音節の語は-u で終わり —— たとえば scipu 'ships' —— ，長い語幹音節 —— 長母音，長二重母音または語末の多重子音 —— を持つ語にはゼロ形態素がつけられた —— たとえば word 'words'. Lehnert, pp. 73f., §48. 2 参照。
131. Wright, pp. 139-145 による。
132. 強変化男性 a-変化のモデルによる。
133. 強変化男性 a-変化のモデルによる。
134. おそらく，複数語尾 en が類推で与格にも拡張された後に，中間段階 gumen / tungen を経てであろう。Wright, p. 116, §259 参照。
135. 古英語の屈折語尾はいわゆる閉じた体系，すなわち数の上では比較的小さいが確固たる変数グループを示している。このような「閉じた体系」が変化を受ける時にはいつも，それは通例体系全体の画期的な変化に通じる。これについては Bauer, pp. 22f.を参照。これが屈折を語形成と区別する。後者は「開いた体系」を示す。すなわち理論的にはつねに新しい語形成接辞が起こり得て，それによって言語構造は変化しない。
136. Görlach, p. 97 参照。前置詞 of と to の使用が強化されたことは —— クリオール化過程の徴候として —— フランス語（de, à）の影響に帰せられた。Bailey, p. 51 参照。
137. Bauer, pp. 18f.参照。
138. 「ルカ福音書」15, 15（本文はわずかに標準化した）。Görlach, pp. 199f.による。
139. 形態論では，語形 amo 'I love'における-o のような語尾の場合に「かばん形態」(portmanteau morph) という。それは，たとえば 1 人称，単数，能動態，現在，直説法のように幾つもの形態素 (morpheme) を実現する。これについては Bauer, pp. 17f.参照。
140. ラテン語 amabo（1 語），近代英語 I will love（3 語）を参照。
141. 例は Jespersen, pp. 152f., §68 から取った。
142. Fisiak, p. 119 参照。
143. この例は Jespersen, p. 156, §172 にある。現代英語から見れば，このいわゆる

「機能転換」(functional shifts) —— ある品詞から他の品詞への転換：名詞から動詞へ，動詞から名詞へ —— は非常にしばしばスラング的性格を持つ。したがってそれらはしばしばジャーナリズム用語に使われる。たとえば chin, ditch, eye, ink, jaw, stomach などの名詞を動詞として用いたり，break, catch, combine, hit, kick, kill, sell, show, smoke などの動詞が名詞として用いられたりする。この問題全体については Wentworth and Flexner, p. 602 ("Changes in the Part of Speech" の項) 参照。

144. 文法的性が意味的機能を持つこと（フランス語の chat「猫」対 chatte「雌猫」を参照）はまれである。これについては Lewandowski, p. 228 を見よ。
145. Wright, pp. 166f, §380 参照。
146. Wright, pp. 167f. 参照。ここで þǣm はドイツ語の冠詞 dem に相当するが，語末の m は n になり，それがまた —— その間に起こった統一形 the の前兆 —— もはや屈折要素と認められなくなった結果，誤って切り離されて古英語の名詞 ealoþ に加えられた。ealoþ は古い歯音語幹で，古英語では無語尾の与格である。Campbell, p. 259, §637 参照。
147. 上記 atte nale を見よ。その場合古英語 ealoþ は中性名詞である。
148. これについては Voitl, pp. 171f. 参照。
149. イングランド北部におけるスカンジナビア人とアングロ・サクソン人の密接な並存の好例は，ヨークシャーの Aldbrough の墓地にある碑文である。それは (Wardale, p. 20 によって引用)：Ulf het aræran cyrice for hanum ond Gunware saule （ウルフは自分とグンワルの魂のために（この）教会を建てさせた）である。ここで我々は古英語テキストの中にスカンジナビア名の形 Ulf と —— もっと注目すべきは —— スカンジナビアの人称代名詞の与格 —— それはここで本来期待される古英語 him と同様に再帰代名詞として用いられている —— を見出す。形については Załuska-Strömberg, p. 53, §70. 3, 古ノルド語 ulfr, 古英語 wulf 'wolf'; 古ノルド語 ormr, 古英語 worm 'serpent, worm' を参照（スカンジナビア語では語頭の w が脱落）。同じく同書 pp. 80f., §119, 古ノルド語 hónum（古い hánum から，したがって古ノルド語におけるいわゆる u-ウムラウトの起こるより以前）。
150. Baugh, *History,* p. 103 参照。
151. つい最近，現代英語はまだゲルマン語とみなすべきか，あるいはむしろフランス語に基づいたクリオールではないかという問題が議論されている。C.-J. N. Bailey and Karl Maroldt の諸所を参照。この論文でクリオールは二つの言語体系の混合とみなされている。そこで英語の場合はフランス語が支配的要素である。
152. Leisi, p. 58, II. 10：「混合語彙」を参照。
153. これについては Baugh, *History,* pp. 182f., §139 と，Leisi, p. 71, II. 12 における例を参照：古英語 faran「行く」，fær「乗り物」，faru「進行，旅行」，faroþ「流れ」，oferfaran「越える」。

69

154. これについては Baugh, *History*, p. 183, §140 並びに Leisi が引用している例 faroþ-ridend「船乗り」(文字通りには 'stream-rider') を参照。
155. 古英語時代には派生と複合が外国語, 特にラテン語の同化にも利用された。例: ラテン語 contra-dict-io, 古英語 wið-cweden-nis (派生, いわゆる「直訳借用 (Lehnübersetzung) すなわち正確な部分対部分訳」; discip-ulus, leorning-cniht (複合, いわゆる「意訳借用」(Lehnübersetzung), この方が自由な訳し方。ここで意訳者はこのラテン語は discere「学ぶ」からの派生だという, 今日の見方からは正しくない仮定から出発した。しかしそれはおそらく discipere「問題を解く」からとすべきであろう。Pisani, pp. 119-121 参照)。この複雑な問題全体については Gneuss の諸所を参照。
156. この発達の結果は現代英語で言語障壁 (language bar) であり, それがラテン語学校 (グラマー・スクール (Grammar School) またはパブリック・スクール (Public School)) に通わなかった話し手に, 上層階級に特有のラテン語風な表現 (hard words) への立ち入りを拒んでいる。無学な下層階級のメンバーとしての話し手の正体を暴き不適格とするラテン語風表現の誤用は, シェリダン (Sheridan) の戯曲 *The Rivals* (1775) の登場人物 Mrs. Malaprop にならって malapropism と呼ばれる。例 (Drabble, p. 609, Malapropism の項による): "As headstrong as an allegory [alligator] on the banks of the Nile"; "He is the very pineapple [pinnacle] of politeness."
157. この例は Leisi, p. 71 から取った。
158. 古ノルド語 kenna「知らせる, 認識する」に接尾辞 -ing をつけて作った女性名詞で, ドイツ語なら Erkennung であろう。この用語はアイスランド人スノリ・ストゥルルソン (Snorri Sturluson) (13世紀) が書いたゲルマン詩人のためのハンドブック『詩の言葉』(*Skáldskaparmál*) から出ている。Wrenn, p. 58 参照。
159. このテーマについては Stewart のすぐれた研究の諸所を参照。
160. Stewart, pp. 120f. 参照。
161. たとえば lic「人体」のような語が前に使われてると, 後に続く gæsthof, 文字通りには「魂の家」の解決を容易にし, bāt「船」は wæghengest「波の馬」の説明を容易にした。Stewart, pp. 121f. 参照。
162. Stewart, p. 123 参照。
163. gārbēam「槍の木」のような「人, 武士」の意味の古英語のケニング [gārbēam は「槍 (の柄)」と解するのがふつうで,「人, 武士」の意味のケニングとしては gārberend「槍を持つ人」が適切である (訳者)] —— Stewart, pp. 118-120 で論じられている —— を Tolkien and Gordon, p. 139 で論じられた *Sir Gawain and the Green Knight* の中英語における対応語 mon, knight, noble (フランス語), prince (フランス語), burn, freke, gume, hathel, lede, renk (古ノルド語 rekkr), schalk, segge, wyge と比較せよ。かつて Rossell Hope Robbins はこれに似たリストを *Alliterative*

注

*Mote Arthur*のために示した。彼の序文のついた Krishna, p. 38, 注 74 を参照。それらの語は一つ残らず『ベーオウルフ』*Beowulf*（そこにはゲルマン語起源のそれ等の語が例外なしに代表されている。Wrenn, pp.5f. 参照）の正統な構成要素であるが，それらの大部分が Chaucer のような作家に求めてもむだだという事実は，それらが方言的表現として続いて，14 世紀にその不自然さがはっきりと気づかれていただろうということを示している。

164. Kluxen, p. 20 と Baugh, *History*, pp. 90f. を参照。
165. ヴァイキングという名称は古英語 wic から来た。Baugh, *History*, p. 91, 注 1 および Onions, p. 980, viking の項を参照。古英語 wic は「陣営」と訳されねばならない。したがって wicing は堅固な宿営地と結びつけられ，その保護のもとにスカンジナビア人は略奪を企んでいた。wicing は文字通りには「宿営地に属する人」である。（cynn「高貴な家系」と接尾辞 -ing「属する」からできた古英語 cyning「高貴な家系から出た人」，近代英語 king 参照）。
166. この段階はしばしば，たとえば「ブルナンブルフの戦い」（*The Battle of Brunanburh*）や「モールドンの戦い」（*The Battle of Maldon*）のような古英語の英雄叙事詩の対象であった。後者については Gillmeister, "Sprache und Literatur im mittelalterlichen England", p. 253 を参照。
167. これがデーン人の侵入を阻止して，その結果ウェドモア（Wedmore）の条約でアングロ・サクソン人とスカンジナビア人の勢力圏が分割されることになった。それによって Chester-London の線より東の地域がスカンジナビア人のものと認められた。それは後に Danelaw「デーンロー」と呼ばれた。この語は「デーン人の法律」を意味し，後期古英語の Dena lagu である。Onions, p. 243, Dane の項参照。「法律」を表わす語 law 自体が，英語における多数のスカンジナビア借用語の一つで，lag「（本来は）（契約によって）置かれたもの」の複数，原古英語 *lagu から来ている。Onions, p. 518, law 1 を参照。Wedmore の条約はそのほかデーン人にキリスト教採用を義務づけた。これがイングランド人とスカンジナビア人の同化過程を速めた。Kluxen, p. 17 と Baugh, *History*, p. 92, § 68 を参照。
168. Baugh, *History*, pp. 92f., § 68 参照。
169. 古英語（ウェスト・サクソン方言）では口蓋母音 e と（古い a から，いわゆる第 1 明音化による）æ は，先行子音が口蓋化した後に，二重母音化して ie, ea になった。Campbell, p. 69, § 185 参照。
170. Berndt, pp. 211f. による。
171. Onions, p. 175 参照。
172. Onions, p. 504, kettle の項参照。
173. Berndt, p. 212 参照。
174. Berndt, p. 212 に変更を加えた。
175. Campbell, p. 65, § 170 参照。

176. Berndt, pp. 75f. による。
177. これについては Faiß, pp. 105f., §§1. 5. 48. 0 と 1. 5. 48. 1 を参照。
178. 古英語 rǣran から近代英語 rear＝breed「(たとえば動物を) 育てる」が生じた。Onions, p. 744, rear 1 参照。
179. これには古英語相当語すなわち swān「牧人，人，武士」がある。
180. Berndt, pp. 76f. 参照。
181. Baugh, *History*, p. 100, §76 参照。
182. Baugh, *History*, pp. 96f., §72 参照。「鋤」を表わす古英語は sulh だった。
183. Baugh, *History*, pp. 98-101, §§74-96 および Lehmann, pp. 188f. 参照。
184. 古英語 unrǣd「愚案」と unrǣdlic「無思慮な」から。Bosworth, Vol. 1, p. 1124 参照。
185. 彼女の名前は Emma。ここと以下については Kluxen, pp. 19-25 参照。
186. Baugh, *History*, p. 109 参照。
187. Baugh, *History*, pp. 126-128 および p. 129 : "We may be sure that after 1250 there was no reason for the nobility of England to consider itself anything but English. The most valid reason for its use of French was gone." を参照。
188. Baugh, *History*, pp. 133f. 参照。
189. 上品な作法に気を配ったイギリスの女子修道院長に対する詩人 Geoffrey Chaucer (1400 年没) のおだやかな批判を参照:

And frenssh she spak...
After the scole of Stratford atte Bowe,
For Frenssh of Parys was to hire unknowe.

(彼女はフランス語を...
ストラットフォード・アッテ・ボウエ流に話した。
パリのフランス語は知らなかったから。)

(Benson, p. 25, 124-126 行から引用。)
190. Baugh, *History*, p. 168 参照。
191. ゲルマン語の /k/ も同じ扱いを受けた。Berndt, p. 221 参照。
192. Berndt, pp. 221f. および Rheinfelder, pp. 168f. §§414-417 参照。Baugh, *History*, pp. 174f. も参照。フランス語は後に歯音の前打音を放棄したが，それは後に英語に入った借用語に認められる。chamois, chevron などの発音を参照。
193. これについて詳しくは Berndt, pp. 216f. を参照。
194. Berndt, pp. 216., pp. 220f. および Rheinfelder, p. 167, §§408-411 を参照。
195. これから中英語 serche(n), 近代英語 search が出た。現代フランス語の chercher —— 語源的でない語頭音を持つ —— はようやく 16 世紀以来である。
196. Berndt, pp. 221f. 参照。
197. Berndt, p. 220 参照。北部フランス語から，語尾 s が —— 複数の印と誤解されて

―― 切り離されて，近代英語 cherry になった。現代フランス語の cerise を参照。
198. 現代フランス語の chasser を参照。
199. 例は Rheinfelder, p. 163, §396 による。
200. Rheinfelder, p. 148, §367 参照。10 世紀のフランス人旅行者の語学小冊子はロマンス語話者の努力の好例を示す。そこでラテン語の質問 quid uis tu?（君は何がほしい？）は［古高ドイツ語］Guaz guildo? で訳され，もう一つのもっとくだけた質問は uelles corium de tuo equo habere in collo tuo?［訳］Gualdestu abe de tinen rose ter uht zu tine ruge?（お前は背中にお前の馬の皮 ―― ＝馬皮の鞭 ―― がほしいのか？）である。Braune, pp. 13f., 30 および 66 参照。
201. Rheinfelder, 上記引用箇所と p. 173, §428 参照。発音は中央フランス語で 11 世紀半ばまで/gu/，その後/g/である。
202. 後期中英語で r＋子音の前で e はしばしば a になった。Berndt, p. 70 参照。たとえば werre は warre になった。その他 herte と harte, 近代英語 heart, 近代英語 clerk（古フランス語 clerc, ラテン語 clericum）と Clarke（固有名詞）を参照。文学研究にとって最小限の言語学的知識が重要なことは Bulluc stertheh, bucke verteth の行を含む中英語詩の訳で示される。2 番目の動詞形が，ある版では'harbours in the green'［フランス語 vert から？］（緑に潜む）と訳された。ここで述べた音の現象と南部イングランド方言における語頭音有声化（上記 4. 2. 1. 2. 4, 注 105 を参照）を知らないと，中英語の動詞 ferten, 近代英語 fart が確認できない！訳は「雄の子牛は跳び，雌鹿はおならをする」である。この好例は Hietsch, p. 356 にある。
203. Berndt, pp. 222f. 参照。
204. Onions, p. 418, guard と p. 992 ward 1 および Berndt, p. 223 を参照。
205. Berndt, p. 218 と Rheinfelder, p. 219, §557 を参照。
206. 二つの例外と思われる例を Gillmeister が Chaucer 作品における二つの hapax legomena（1 度しか用いられない語）に示している：vitremite「隠者カキのついたかぶりもの」［へりくだりと服従のシンボル］（中フランス語(h)uistre ermite 'hermit oyster', 現代フランス語では huître）と virytoot「早起きの人」（中フランス語 vire tost「［ベッドで］早く身体を動かせ！」）。"Zenobia's *Vitremite*" と "The Origin of Imperative Constructions" の諸所を参照。両形とも 14 世紀末のフランスの話し言葉の反映だろう。現代フランス語では元来あった s が曲アクセント（ˆ）によって示されている。
207. Onions, p. 449, hostel と hotel を参照。フランス語の 2 音節語におけるアクセント移動については，Berndt, pp. 78f. 参照。
208. Dorothy Sayers の短篇 "The Fascinating Problem of Uncle Meleager's Will": "'a word in seven letters with S in the middle, meaning two'" を参照。
209. ambs-ace については Onions, p. 31, 当該語参照。古フランス語 ambes ＋ as から。

210. Böddekker, p. 275 参照。
211. Onions, p. 710, 当該語参照。
212. 同書 p. 662, peer 1.
213. 同書 p. 293, 当該語。
214. 同書 p. 557, 当該語。さらに上記 4. 1. 1, 注 86 で Mercian について述べたことを参照。
215. 同書 p. 983, 当該語。
216. 同書 p. 76, 当該語参照。
217. 中英語では earl と count は同義だった（後者は古フランス語 cont, ラテン語 comitem から）。近代英語では count はイギリス以外の伯爵を表わす。earl の妻はもちろん countess である。
218. これについては Jespersen, p. 79 および Lehmann, p. 187 を参照。
219. おそらく南ヨークシャーの町ポンティフラクト（Pontefract）で活動していたこの聖職者については Kennedy, pp. 264f. と pp. 2809-2811（参考文献）を参照。カースルフォード（Castleford）という名前は、Göttingen 写本の書き込みからのみ知られるが、おそらく出身地である Leeds 近くの同名の町と関係があるだろう。
220. Kaiser, p. 363, 109-116 行から少し標準化して引用。Castleford の *Chronicle of England* は Göttingen 写本にのみ伝えられているが、これまで抜粋でしか編集されていない。Kaiser も幾つかの抜粋を掲載しているにすぎない［1996 年, C. D. Eckhardt 編の EETS 版が出た（訳者）］。
221. これについては Jespersen, p. 80, §84, 注 1 および Lehmann, p. 187 を参照。現代英語の観点から Crystal, pp. 193-217 の "The Language of Legal Documents" の章を参照。
222. Onions, p. 673, 当該語参照。
223. Onions, p. 721, puisne ("now only of judges") と p. 724, puny の項を参照。
224. 同書 p. 494, 当該語参照。
225. 同書 p. 52, 当該語参照。
226. 同書 pp. 55f., 当該語参照。
227. *Oxford English Dictionary* の 1480 年の例（Bury Wills から短縮）を参照："my executourez resseyve alle the profytys of alle the londys and other premissez."（私の遺言執行者達はすべての土地とその他の家屋敷のすべての利益を受け取る。）
228. Shakespeare, *Richard II*, II, i, 202 でまだ letters patents と, つまり屈折形容詞をつけて, 書かれている。
229. Onions, p. 706, 当該語参照。
230. Scott, *Ivanhoe*, pp. 392f.（Ch. 1）の豚飼い Gurth（アングロ・サクソン人）と見たところフランス語に堪能な「学者」である宮廷道化師 Wamba の間の対話を参照。時は Richard I の時代。この例はジョン・ウォリス（John Wallis）の

注

  Grammatica linguae Anglicanae『英文法』(1653) にさかのぼる。Jespersen, p. 82, §88 参照。
231. Lehmann, p. 187 参照。
232. 古英語 oxa, 複数 oxan; cealf; scēap; swin; bār; dēor.
233. 古フランス語 boef,ラテン語 bovem; veel (veiaus の斜格), ラテン語 vitellum; 古フランス語 moton, ラテン語 multonem; 古フランス語 porc, ラテン語 porcum; 古フランス語 braon, ゲルマン語 *bradon (ドイツ語 Braten 参照); 古フランス語 veneson, ラテン語 venationem, Onions, pp. 85, 971, 599, 697,115, 973 の各語の項参照。
234. 英語の直訳借用語 breakfast (14世紀) 参照。古フランス語 desjuner「朝食をとる」はフランス語 déjeuner になった。*disjejunare から desjuner への場合は、おそらく重音脱落 (haplology) であろう。
235. 古フランス語 soper はゲルマン語である。古英語 sūpan, 新高ドイツ語 saufen 参照。
236. ラテン語-are から来た接尾辞-er については Onions, p. 323, -er⁵ を参照。
237. フランス語 pommes frites「フライドポテト」参照。
238. もとはゲルマン語*raustjan.それからドイツ語 rösten.Onions, p. 770, roast の項参照。フランス語 rôti「焼肉」も参照。
239. ゲルマン語*bakkon,フランケン方言 bako「焼肉」。Onions, p. 68, bacon の項参照。おそらく新高ドイツ語 Bache「雌の猪」も関係がある (古高ドイツ語 bahho「(豚の)もも肉,脇腹肉」)。Kluge, p. 52, 当該語参照。
240. blanc「白い」とラテン語 manducare「食べる」の名詞化動詞 manger からの古フランス語 blancmanger から。Onions, p. 98, blancmange の項参照。
241. 古フランス語 geler「凍らせる」の分詞 gelée から。ラテン語 gelare に対する gelata (中性複数が後に女性と解された) と同様。ラテン語 gelatum からのイタリア語 gelata, スペイン語 helado を参照。これについては Onions, p. 493, jelly の項を見よ。注意:ラテン語の中性複数は古フランス語ではしばしば女性単数になる。たとえばラテン語 folia「葉 (複数)」が feuille になる。
242. 古フランス語 pastaier「練粉菓子職人」からの pastaierie.Onions, p. 636, pastry の項参照。
243. 古フランス語 pastée, 中世ラテン語 pastata から。Onions, 前掲書 pasty の項参照。
244. 古フランス語 sauce,ラテン語 salsus「塩の入った, 塩漬けの」の女性形 salsa.Onions,p. 790, sauce の項参照。しかしここでもおそらく salsum の中性複数が女性と解釈し直されたのだろう。
245. 北部フランス語 saussiche から (中央フランス語 salsice, フランス語 saussice)。中世ラテン語 salsicius の女性 salsicia。省略表現で farta「詰め物」が補われねばならない。近代英語の接尾辞交替 (-age) は北部フランス語の音韻体系を反映す

る。
246. アングロ・フランス語 dainté, 古フランス語 daintié, ラテン語 dignitatem. Onions, p. 242, dainty の項参照。
247. ラテン語 vivere「生きる」のゲルンディヴム（動詞的形容詞）の女性形 vivenda の別形 vivanda からの古フランス語 viande 参照。Onions, p. 978, viand の項によればほぼ「生命の維持に役立つ」の意。また古フランス語 vitaille, ラテン語 victualis「生命維持に必要な」の中性複数 victualia 参照。英語で語幹音節のアクセントによって語末音節の母音が弱化したが，人文主義者によってラテン語の綴りが再び導入された。この語については Onions, p. 979, victual の項を参照。
248. 近代英語の sport という語自体がフランス語の disport が短縮されたもので，中フランス語 desporter「気晴らしをする」から来ている。これは中世ラテン語 deportare「振舞う，楽しむ」から改造された。Kluge, p. 690, Sport の項および Berndt, p. 79（注）を参照。
249. Henry IV の廷臣である騎士の依頼で自然の女神の寓意像がある騎士（彼は何人かの貴族の女性に愛を語り，しょっちゅう全く気の変わりやすい求愛者だった）に馬上槍試合を挑む時もそうである： "Cheualier or Escuier […] qui a plus parlé d'amours à pluseurs Damoisell & qui plus souuent a changié la custume de loyaulx amans […]"［上記丸括弧内が大意］。その他の場合は英語的語法で知られていた書き手もここでは1語だけ英語を差しはさんでいる： ou の代わりの or がそれである。Gillmeister, "Challenge Letters", p. 202 参照。
250. 14世紀英国のレスリングチャンピオンの1人は Chaucer の *Canterbury Tales* の粉屋（Miller）である。彼についてこう書かれている：

 The MILLERE was a stout carl for the nones;
 […]
 At wrastlynge he wolde have alwey the ram.
 （その粉屋はがんじょうな奴で，
 […]
 レスリングではいつも［賞品の］雄羊をもらったものだ。）
 （Benson, p. 32, 545-547行）

騎士のサー・トーパス（Sir Thopas）についても，いかにも彼らしく，同様のことが言われている。彼はそれによって笑いものにされて――暗に――一種のドン・キホーテそして反英雄であることが証明されている。Benson, p. 213, 740行以下参照。雄羊と指輪は伝統的な賞品だった。これについて一般的には Strutt, pp. 73-76, II, XIII-XIV（図版つき）のレスリングについての章を参照。
251. 石投げの代表的な例が中英語ロマンス『ハヴェロック』（*Havelok*）にみられる。

その競技は bondemen「奴隷」の間で，すなわち Lincoln 伯によって議会に召集された男爵達の歩兵の間で典型的なやり方で行なわれる。主人公で伯爵の料理人の使い走りの Havelok はこの競技で勝ってチャンピオン（chaunbioun）になる。Smithers, pp. 32-34, 1000-1059 行参照。

252. 古英語*wrǣstlian と古英語*putian（近代英語 shotput「砲丸投げ」に残っている）。Onions, p. 1014, wrestle および p. 926, put 1 を参照。ゴルフ用語の putt「パット（する）」は，Onions と *Oxford English Dictonary* に反して，putian「突く，押す，打つ；置く」からではなく，競技自体と同じく，オランダ起源で，オランダ語 putten「ホールに入れる」（put「（ゴルフの）ホール」から）からである。ゴルフ用語については Gillmeister, "Wer erfand das Golfspiel?" の諸所を参照。

253. 中英語の動詞 chulle(n)「フットボールを蹴る」は宗教改革者 John Wyclif のサークルの説教に現われる。これはそれ以前の例は英語の歴史的辞書に記録されず，少なくともフットボールの一つの形がノルマン征服と共にイングランドに達したことを示している。Gillmeister, "The Origin", p. 47, 注 69 と 70 参照。

254. これについては Gillmeister, *Kulturgeschichte*，特に第 3 章（"Sprache des Tennisspiels"「テニスの言葉」）を参照。

255. トランプはエジプトのマムルーク王朝の発明である。この遊びはおそらく最初イタリアに達し，そこで 1377 年にフィレンツェの指令で naibbe（アラビア語 na'ib [malik]「副［王］」；トランプの絵から）と呼ばれて禁止された。イタリア語の同義語 carta「堅い紙（カートン）で作ったトランプの札」から英語の (playing) card が生まれたが，語末音の d は説明されていない。背景については Parlett, pp. 35-41 を参照。

256. Onions, p. 933, tourney の項参照。古フランス語 tornei, ラテン語 tornus「回転」から。全体については，参考文献に挙げた Mölk の論文および Barker, "Tournament Armour" の第 8 章を参照。

257. Simpson, bourdis 'tilting' の項参照。bourdis は馬上槍試合の遊技的な変種であり，見せかけの戦闘で甲冑はつけていない。『罪の扱い方』（*Handlyng Synne*）（1303 年より）におけるロバート・オヴ・ブルン（Robert of Brunne）の言葉によれば，bourdis は騎士の後継ぎの子供，すなわち squires［「盾持ちの小姓」，古フランス語 escuier，ラテン語（対格）scutarium「（文字通りには）騎士の盾を持つ貴族の青年」から］の訓練に役立ったらしい。Furnivall, 第 2 巻, p. 154, 4625 行："And these bourdys of these squyers". それは 13 世紀初めには本来の馬上槍試合によって取って代わられた。Werner Meyer, pp. 35f. 参照。

258. von Wartburg, 第 15 巻, bihordōn「塀［柵］で囲む」の項参照。馬上試合場は持ち運びできる木製バリケードで周囲を囲まれた。そこで馬上試合場を表わす古フランス語は，以前の parricum「（囲いをした）猟場［飼育地］」（parra「棒」から）から来た parc である。parricum は新高ドイツ語 Pferch「（夜間家畜を入れておく）

柵で囲われた土地」を生み，中世のテニスのフリジア変種では「埋没した文化財」と専門用語に生き残っている。Gillmeister, *Kulturgeschichte*, pp. 153f.参照。

259. 古フランス語 juste, jouste は，古フランス語 juster, ラテン語 *juxtare「出合う」からで，ラテン語 jungere 'to join' および jugum「くびき」と関係がある。Onions, p. 498, joust の項参照。「あぶみ」の発明による中世封建体制の成立とそれによって引き起こされた槍騎兵を持つゲルマン軍の優越については White の諸所を参照。戦争の技術については Werner Meyer, pp. 33f.参照。馬上槍試合の武器はいかにもそれらしく「和らげられた」。馬上試合の槍はその侵入を防ぐために coronal「小さな冠」と呼ばれる装飾をつけた。coronal はアングロ・フランス語で，大陸フランス語の対応語は rochet だった。Gillmeister, "Challenge Letters", p. 199 参照：" six coups de lance auecques Rochez"，すなわち 15 世紀への変わり目のイングランドの馬上槍試合では敵の挑戦に小さな冠で防備した槍で 6 番戦う権利があった。

260. 古フランス語 tenez!（発音は [tənéːts]）は，中英語でアクセント移動によって [téneːts / téneːss（同化）/ téniːs（語末の二重子音の単純化と 15 世紀の大母音推移の特徴で長い ē が i に上昇）/ ténis（語末音節短縮で長い i の短縮）]になった。

261. 古フランス語 table の複数；ラテン語 tabulam から。Onions, p. 898, table の項参照。中世のバックガモンについては Murray, 諸所を参照。

262. 古フランス語 eschec はラテン語 scaccum（対格）にさかのぼる。これはさらにペルシャ語 shah「王」に基づく（ペルシャ語の句 shah mat「王は死んだ」，近代英語 checkmate「王手」）；Onions, p. 166, check と checkmate および p. 167, chess 参照。古フランス語の s + 子音の前の語頭添加音 e，俗ラテン語 i（たとえば scaccus, 古フランス語 eschec）については Mayerthaler, p. 59 参照。それは文の境界 # の後と子音の後に生じる。例：#iscriptu abet「彼は手紙[文書]を持つ」，in iscola「学校で」，しかし illa scola「その学校」。古フランス語 escrit「文書」，escole「学校」，フランス語 écrit, école 参照。英語ではフランス借用語の語頭添加音 e が落ちた。そこで check, script, school となった。

263. この音発達は Chaucer (Benson, p. 42, *The Knight's Tale*, A1237 行以下参照）の脚韻 paradys: dys によって明示される。少なくともイギリス英語では単数形 die はふつうでなく，the die is cast の言い回しにのみ存在する。

264. Rheinfelder, p. 95, §237 参照。

265. Benson, p. 250, *The Monk's Tale*, VII, 2661 行参照。

266. 同書，p. 198, *The Pardoner's Tale*, VI, 653-655 行参照。

図版出典

表紙：おそらく Cambrai で作られた聖務日課書からの最古のテニスの描写（1300年ごろ）。打撃用手袋──ラケットの先駆──で防備したサーバーと受ける用意のあるレシーバーを示す。Gillmeister, *Kulturgesshichte*, p. 25, 図11a から（The Walters Art Gallery, Baltimore, Maryland, MS. 88, fol. 59v. から）。

第 1 図： Gimbutas, p. 545 から。
第 2 図： Potter, p. 880 から。
第 3 図： Potter, p. 881 から。
第 4 図： Mossé, p. 21 から。
第 5 図： Mossé, p. 24 から。
第 6 図： Barber, p. 291 から。
第 7 図： Mossé, p. 77 から。
第 8 図： Mossé, p. 57 から。
第 9 図： Wolff, p. 159 から。
第10図： Wolff, p. 151 の前から。
第11図： Werner Meyer, p. 29, 第13図から。
第12図： Werner Meyer, p. 26, 第10図から。
第13図： Gillmeister, "Die mittelalterlichen Ballspiele", p. 81, 第 1 図から。
第14図： Gillmeister, *Kulturgeschichte*, p. 27, 第12図から。
第15図： Verdon, 図版の p. 7 から。

英語史の基礎知識

参考文献[1]

まえがき：英語史の包括的で新しい記述は今や Richard M. Hogg, ed., *The Cambridge History of the English Language* である。6巻になる予定の第1巻は起源からノルマン征服までを扱い (*The Beginnings to 1066*, ed., Richard M. Hogg), 第2巻は 1066-1476 を扱う (Norman F. Blake 編)。英語のすべての問題についての非常に役に立つレファレンスブックは今では Tom McArthur, ed., *The Oxford Companion to the English Language*, Oxford, 1992 である。重要な中英語辞典は Hans Kurath and Sherman M. Kuhn, eds. [現在は Robert E. Lewis, ed.], *Middle English Dictionary*, Ann Arbor, 1952- である。[1]

Bailey, C. -J. N., and Karl Maroldt, "The French Lineage of English", in Jürgen M. Meisel, ed., *Langues en contact—Pidgins—Creoles—Languages in Contact*, Tübingen: TBL Verlag Gunter Narr, 1977, pp. 21-53.

Barber, Charles, *Early Modern English*, London: André Deutsch, 1976.

Barker, Juliet R. V., *The Tournament in England 1100-1400*, Woodbridge: Boydell & Brewer, 1986.

Bauer, Laurie, *English Word-Formation*, Cambridge: Cambridge University Press, 1983.

Baugh, Albert C., and Thomas Cable, *A History of the English language*, 3rd revised ed., London: Routledge & Kegan Paul, 1978.

Baugh, Albert C., *Chaucer's Major Poetry*, London: Routledge & Kegan Paul Ltd., 1964.

Benson, Larry D., ed., *The Riverside Chaucer*, 3rd ed., Boston: Houghton Mifflin Company, 1987.

Berndt, Rolf, *Einführung in das Studium des Mittelenglischen*, Halle, a. d. Saale: Max Niemeyer, 1960.

Bloomfield, Leonard, *Language*, revised ed., London: George Allen & Unwin Ltd., 1935, repr. 1969.

Böddekker, K., *Altenglische Dichtungen des MS. Harl. 2253*, Berlin, 1878, repr. Amsterdam: Edition Rodopi, 1969.

Bonfante, G., "The Neolinguistic Position", in : *Language* 23 (1947), pp. 344-375.

Bosworth, Joseph, and T. Northcote Toller, *An Anglo-Saxon Dictionary*, 2 vols., Oxford:

---

[1] 通例のようなテキストと参考文献の区分は行なわなかった。それは不合理でほとんど無意味である。

Oxford University Press, 1898-1921; repr. 1980.
Braune, Wilhelm, *Gotische Grammatik*, 15th ed., Tübingen: Max Niemeyer, 1956.
Braune, Wilhelm, *Althochdeutsches Lesebuch*, 13th ed., Tübingen: Max Niemeyer, 1958.
Braune, Wilhelm, *Althochdeutsche Grammatik*, 10th ed., Tübingen: Max Niemeyer, 1961.
Broughton, Bradford B., *Dictionary of Medieval Knighthood and Chivalry*, New York: Greenwood Press, 1986.
Bruce-Mitford, Rupert, *The Sutton Hoo Ship Burial. A Handbook*, 3rd ed., London: British Museum Publications Ltd., 1979.
Burrow, T., *The Sanskrit Language*, new and revised ed., London: Faber and Faber, 1973.
Campbell, Alistair, *Old English Grammar*, Oxford: At the Clarendon Press, 1959, repr. 1969.
Chambers, J. K., and Peter Trudgill, *Dialectology*, Cambridge: Cambridge University Press, 1980.
Colgrave, Bertram, and R. A. B. Mynors, eds., *Bede's Ecclesiastical History of the English People*, Oxford: At the Clarendon Press, 1969.
Cowgill, Warren, "Indo-European Languages", in : *The New Encyclopædia Britannica in 30 Volumes*, 15th ed., Chicago: William Benton, 1974, Macropædia, Vol. 9, pp. 431-438.
Crystal, David, and Derek Davy, *Investigating English Style*, London: Longman Group Ltd., 5th repr. 1976.
Deutschmann, Olaf, *Lateinisch und Romanisch*, München: Hueber, 1971.
Dietz, Klaus, "Die historische Schichtung phonologischer Isoglossen in den englischen Dialekten: II. Mittelenglische Isoglossen", in Andreas Fischer, ed., *The History and the Dialects of English*. Festschrift für Eduard Kolb [Anglistische Forschungen, 203], Heidelberg: Carl Winter, 1989, pp. 133-175.
Dinneen, Francis P., *An Introduction to General Linguistics*, Washington, D. C.: Georgetown University Press, 1967; repr. 1978.
Drabble, Margaret, ed., *The Oxford Companion to English Literature*, 5th ed., Oxford: Oxford University Press, 1985.
Faiß, Klaus, *Aspekte der englischen Sprachgeschichte*, Tübingen: Verlag Gunter Narr, 1977.
Fisiak, Jacek, *A Short Grammar of Middle English*, London: Oxford University Press, 1968.
Furnivall, Frederick J., ed., *Robert Brunne's 'Handlyng Synne'*, 2 vols., London 1901-1903 [Early English Text Society, original series, Vols. 119 and 123].
Gillmeister, Heiner, "The Origin of Imperative Construction and Chaucer's Nonce-Words

viritoot, virytrate, and *phislyas",* in: *Poetica. An International Journal of Linguistic-Literary Studies* 4 (1975), pp. 24-49.

Gillmeister, Heiner, "The Origin of European Ball Games. A Re-Evaluation and Linguistic Analysis", in: *Stadion* 7 (1981), pp. 19-51.

Gillmeister, Heiner, "Sprache und Literatur im mittelalterlichen England", in: *Propyläen Geschichte der Literatur,* Vol. 2, Berlin: Propyläen Verlag, 1982, pp. 242-262.

Gillmeister, Heiner, "An Intriguing Fourteenth-Century Document. Thomas Bradwardine's *De arte memorativa",* in: *Archiv* 135 (1983), pp. 111-114.

Gillmeister, Heiner, "Zenobia's *Vitremite,* or the Case of the Unidentified Headdress", in : *Poetica. A Journal of Linguistic-Literary Studies* 17 (1984), pp. 22-26.

Gillmeister, Heiner, "Die mittelalterlichen Ballspiele: eine Chronologie ihrer Entwicklung", in : *Stadion* 10 (1984), pp. 77-94.

Gillmeister, Heiner, "Chaucer's *Pardoner's Tale* as a Poetic Sermon", in: *Poetica. An International Journal of Linguistic-Literary Studies* 29/30 (1989), pp. 58-79.

Gillmeister, Heiner, "Wer erfand das Golfspiel? Der letzte Putt in einem langen Streit", in: Max Triet, ed., *Schweizer Beiträge zur Sportgeschichte,* Vol. 2, Basel: Schweizerisches Sportmuseum, 1990, pp. 20-29.

Gillmeister, Heiner, *Kulturgeschichte des Tennis,* München: Wilhelm Fink Verlag, 1990.

Gillmeister, Heiner, "Challenge Letters from a Medieval Tournament and the Ball-Game of Gotland", in: *Stadion* 16 (1990), pp. 184-221.

Gimbutas, Marija, "Die Indoeuropäer. Archäologische Probleme (1963)" in: Anton Scherer, ed., *Die Urheimat der Indogermanen,* Darmstadt: Wissenschaftliche Buchgesellschaft, 1968, pp. 538-571.

Gneuss, Helmut, *Lehnbildungen und Lehnbedeutungen im Altenglischen,* Berlin: Erich Schmidt Verlag, 1955.

Görlach, Manfred, *Einführung in die englische Sprachgeschichte,* 2nd revised ed., Heidelberg: Quelle & Meyer, 1982.

Hietsch, Otto, "Enshrined in Speech: Medieval Life and Modern Leavings", in: Uwe Böker, et alii, eds., *The Living Middle Ages.* [...] *A Festschrift for Karl Heinz Göller,* Stuttgart: Belser, 1989, pp. 333-371.

Jespersen, Otto, *Growth and Structure of the English Language,* 9th ed., Oxford: Basil Blackwell, 1948.

Kaiser, Rolf, *Medieval English. An Old English and Middle English Anthology,* 3rd ed., Berlin: Selbstverlag, 1958; repr. 1959.

Kennedy, Edward Donald, *Chronicles and Other Historical Writing,* in: Albert E. Hartung, ed., *A Manual of the Writings in Middle English 1050-1500,* Vol. 8, XXI., New Haven, Connecticut: Archon Books, 1989.

Kluge, Friedrich, *Etymologisches Wörterbuch der deutschen Sprache*, 22nd ed., revised by Elmar Seebold, Berlin: Walter de Gruyter, 1989.

Kluxen, Kurt, *Geschichte Englands*, Stuttgart: Kröner, 1968.

König, Werner, *dtv-Atlas zur deutschen Sprache*, 2nd ed., München: Deutscher Taschenbuch Verlag, 1978.

Krahe, Hans, *Germanische Sprachwissenschaft* [Sammlung Göschen, Vols. 238 and 780] 2 vols., Berlin: Walter de Gruyter, 1963 and 1965.

Krishna, Valerie, ed., *The Alliterative Morte Arthure. A Critical Edition*, New York: Burt Franklin & Co., 1976.

Lehmann, Winfred P., *Einführung in die historische Linguistik*, Heidelberg: Carl Winter, 1969 [*Historical Linguistics. An Introduction*, New York: Holt, Rinehart and Winston, 1962.]

Lehnert, Martin, *Altenglisches Elementarbuch*, 9th revised ed., Berlin: Walter de Gruyter, 1978.

Leisi, Ernst, *Das heutige Englisch. Wesenszüge und Probleme*, 7th newly revised ed., Heidelberg: Carl Winter, 1985.

Lewandowski, Th., *Linguistisches Wörterbuch*, Vol. 1, Heidelberg: Quelle & Meyer, 1973.

Meyer, Ernst, "Die Indogermanenfrage", in: Anton Scherer, ed., *Die Urheimat der Indogermanen*, Darmstadt: Wissenschaftliche Buchgesellschaft, 1968, pp. 256-287.

Meyer, Werner, "Wettkampf und Spiel in den Miniaturen der Manessischen Liederhandschrift", in: *Stadion* 14 (1988), pp. 1-48.

Mitchell, Bruce, and Fred C. Robinson, *A Guide to Old English*, revised ed., Oxford: Basil Blackwell, 1982.

Mölk, Ulrich, "Philologische Aspekte des Turniers", in: Josef Fleckenstein, ed., *Das ritterliche Turnier im Mittelalter*, Göttingen: Vandenhoeck & Ruprecht, 1985, pp. 163-174.

Mossé, Fernand, *A Handbook of Middle English*, Baltimore: The Johns Hopkins Press, 1952.

Moulton, William G., et alii, "Germanic Languages", in: *The New Encyclopædia Britannica, in 30 Volumes.*, 15th ed., Chicago: William Benton, 1974, Macropædia, Vol. 8, pp. 15-31.

Murray, H. J. R., "The Medieval Game of Tables", in: *Medium Ævum* 10 (1941), pp. 57-69.

Onions, C. T., ed., *The Oxford Dictionary of English Etymology*, Oxford: At the Clarendon Press, 1966, revised repr. 1976.

Parlett, David, *A History of Card Games*, Oxford: Oxford Univiersity Press, 1991.

Penzl, Herbert, *Vom Urgermanischen zum Neuhochdeutschen. Eine historische Phonologie*,

Berlin: Erich Schmidt Verlag, 1975.
Pisani, Vittore, *Die Etymologie,* Brescia, 1967; dt. München: Wilhelm Fink Verlag, 1975.
Potter, Simeon, "English Language", in: *The New Encyclopædia Britannica in 30 Volumes,* 15th ed., Chicago: William Benton, 1974, Macropædia, Vol. 6, pp. 874-887.
Ranke, Friedrich, and Dietrich Hofmann, *Altnordisches Elementarbuch,* 3rd completely revised ed., Berlin: Walter de Gruyter & Co., 1967.
Rheinfelder, Hans, *Altfranzösische Grammatik,* Erster Teil, Lautlehre. 4th ed., München: Max Hueber Verlag, 1968.
Saussure, Ferdinand de, *Grundfragen der Allgemeinen Sprachwissenschaft,* 2nd ed., Berlin: Walter Gruyter & Co., 1967 [*Cours de linguistique générale,* Paris: Payot, 1916; 小林英夫訳『一般言語学講義』岩波書店, 1972]
Sayers, Dorothy L., *Have his Carcass,* new ed., London: New English Library Ltd., 1977.
Scott, Sir Walter, *Ivanhoe,* in: *Waverley Novels,* Vol. 4, Edinburgh: Robert Cadell, 1844.
Simpson, J. A., and E. S. C. Weiner, eds., *The Oxford English Dictionary,* 2nd ed., 20 vols., Oxford: Clarendon Press, 1989.
Smithers, G. V., ed., *Havelok,* Oxford: Clarendon Press, 1987.
Stewart, Ann Harleman, "Kenning and Riddle in Old English", in: *Papers on Language and Literature* 15 (1979), pp. 115-136.
Strutt, Joseph, *Glig Gamena Angel Deod, or the Sports and Pastimes of the People of England,* 2nd ed., London: T. Bensley, 1810.
Tolkien, J. R. R., and E. V. Gordon, eds., *Sir Gawain and the Green Knight,* 2nd ed., revised by Norman Davis, Oxford: Oxford University Press, 1967.
Trier, Jost, *Aufsätze und Vorträge zur Wortfeldtheorie,* ed. by A. van der Lee and O. Reichmann [Janua Linguarum, Series Minor, 174], Den Haag: Mouton, 1973.
Trubetzkoy, N. S., "Gedanken über das Indogermanenproblem", in: Anton Scherer, ed., *Die Urheimat der Indogermanen,* Darmstadt: Wissenschaftliche Buchgesellschaft, 1968, pp. 214-223.
Verdon, Jean, *Les Loisirs au Moyen Age,* Paris: Librairie Jules Tallandier, 1980.
Voitl, Herbert, "Die englischen Familiennamen in sprachwissenschaftlicher Sicht", in : *Archiv* 202 (1963), pp. 161-177.
Wardale, E. E., *An Introduction to Middle English,* London: Routledge & Kegan Paul Ltd., 1937; 6th repr. 1967.
von Wartburg, Walther, *Französisches Etymologisches Wörterbuch,* Bonn and Basel: Zbinden, 1922-.
Wells, C. J., *Deutsch: Eine Sprachgeschichte bis 1945,* Tübingen: Max Niemeyer Verlag, 1990.

Wentworth, Harold, and Stuart Berg Flexner, eds., *Dictionary of American Slang,* 2nd ed., New York: Thomas Y. Crowell, Publishers, 1967.

White junior, Lynn, *Die mittelalterliche Technik und der Wandel der Gesellschaft,* München: Heinz Moos Verlag, 1968.

Wolf, Norbert Richard, *Althochdeutsch-Mittelhochdeutsch,* Vol. 1 of Moser / Wellmann / Wolf, *Geschichte der deutschen Sprache,* Heidelberg: Quelle & Meyer, 1981.

Wolff, Philippe, *Sprachen, die wir sprechen,* München: Kindler, 1971.

Wrenn, C. L., ed., *Beowulf with the Finnesburg Fragment,* 3rd completely revised ed. by W. F. Bolton, London: Harrap, 1973; repr. 1980.

Wright, Josheph, and Elizabeth Mary Wright, *An Elementary Middle English Grammar,* 2nd ed., Oxford: Oxford University Press, 1928; repr. 1967.

Załuska-Strömberg, A., *Grammatik des Altisländischen,* Hamburg: Helmut Buske Verlag, 1982.

訳者あとがき

　著者 Dr.Heiner Gillmeister は 1939 年ドイツのケルン（Köln, Cologne）に近いブリュール（Brühl）に生まれ，ボン（Bonn）大学とケルン大学でイギリス文学，ドイツ文学，言語学および中世哲学を学び，1970 年にボン大学から Dr.phil. を取得した。1968 年以来ボン大学とデュッセルドルフ（Düsseldorf）大学で言語学と中世文学を教えており，現在はボン大学英文科の Akademischer Oberrat である。そのほかにケルンのドイツ・スポーツ高等学校（Deutsche Sporthochschule）でスポーツの歴史を教えたり，『ケルン・ルントシャウ』（Kölnische Rundschau）のために劇評を寄稿したりしている。
　著者にはチョーサーについて，*Discrecioun. Chaucer und die Via regia* (Bonn,1972)（Studien zur englischen Literatur, Vol.8）と *Chaucer's Conversion. Allegorical Thought in Medieval Literature* (Frankfurt am Main, etc.:Peter Lang, 1984) の 2 著のほかに何編かの論文がある。主な論文は本書の参考文献に挙げられている。本書の終わりの方（53 ページ以下）を見ても分かるように，著者はスポーツの歴史に並々ならぬ関心を持っている。特に *Kulturageschichte der Tennis* (München:Wilhelm Fink Verlag, 1990) は有名で，英訳（*Tennis.A Cultural History*）もある。その後も "The Language of English Sports Medieval and Modern", in:*Archiv für das Studium der neueren Sprachen und Literaturen,* Vol.233(1996),pp.268-285 を始めスポーツに関するものが多い。
　Gillmeister は 1994 年 9 月来日した時に，"Thomas Castelford's Chronicle: An Unpublished 14th-Century Text in Göttingen University Library" という講演（後に *Studies in Medieval English Language and Literature,* No.10 (1995),

pp.35-70 に掲載）をした。その後の会食の時に本書の原著 *Service: Kleine Geschichte der englischen Sprache*（Bonn:Ferd.Dümmler's Verlag, 1993）を頂いた。タイトルの*Service*に彼の好みが現われている（序文参照）。この本は Sprachen und Sprachenlernen（言語と言語学習）というシリーズの第 306 巻である。彼はその本をボン大学の学生のために書いたのだと言っていた。要点が簡潔に纏めてあるだけでなく、地図や図版も多く、スポーツやゲームの言葉も扱っていて学生の興味を引くと思って、私はこういう教科書が日本にもあるといいと言った。ところが彼の帰国後 2 カ月足らずで、このシリーズの総編者である Sprachlernzentrum der Universität Bonn（ボン大学言語学習センター）のディレクターである Heinrich P.Kelz 教授から翻訳許可の手紙を貰った。諸般の事情でそれから 4 年以上経ってしまったが、Knowles の訳をしていたころに、開文社出版の安居洋一氏にこの話をすると、快く出版を引き受けて下さった。その後の手紙によると、著者は増補改訂版を出したいようであるが、具体的な話にはなっていないので、取り敢えず初版を訳出して、改訂版が出たら、その時に考えることにした。

訳者は長年学部学生に英語史の講義をして来たが、最近、初学者が最初に接するのには文化史的な英語史がよいと思うようになった。Gerry Knowles の *A Cultural History of the English Language*（London:Arnold, 1997）を『文化史的にみた英語史』（開文社出版、1999）として訳したのもそのためである。しかしこの本に欠けているのは英語そのものの歴史である。印欧語から近代英語の成立までの歴史の概要を知ることも、文化史的知識に劣らず重要である。上に述べたように、Gillmeister の書物は簡潔で読みやすく、この目的に適っていて、Knowles の本と相補うものである。

翻訳はできるだけ読みやすいことを心掛けたが、原著の性質からやや固くなったことは已むを得ない。ただし少しでも読みやすくするために、二つの点で原著に変更を加えた。第一はできるだけ言語名や術語の略記を避けたことであり、第二は原著の夥しい脚注を、煩瑣を避けて末尾に回したことである。明らかな誤りは断わりなしに訂正した。なお理解を助けるために多少の補足をした。索引は原著通りであるが、括弧内に英語を入れた。

最後に手書きの原稿をフロッピーディスクの形にして下さった昭和女子大

訳者あとがき

学大学院助手の島﨑里子さんと，本書の計画から完成までお世話になった開文社出版代表取締役の安居洋一氏に心からお礼を申し上げたいと思う。

1999 年 10 月 1 日
訳　者

人名・事項索引

数字はページを示し，イタリック体の数字は注の番号を示す。

[ア]

アイヴァンホー（Ivanhoe）　51,*230*
あいまい母音（indeterminate vowel）（シュワーを見よ）
アクセント，音楽的（accent, musical）　7
アクセント，強弱（accent, expiratory）　7
アクセント，自由（印欧語の）（accent, free）　30
アジャンクール（Agincourt）の戦い　*113*
遊び用語　54-59
アブラウト（Ablaut）　7-11
アルフレッド大王（Alfred the Great）　37
アレマン人（Alemanni）　16
アングリア方言の滑化（Anglian smoothing）　22
アングル人（Angles）　16,20,34
『アングロ・サクソン年代記』（*Anglo-Saxon Chronicle*）　37

[イ]

石投げ　53,*252*
イタリック語（Italic）　2,*11*
意味の向上（amelioration of meaning）　49
意味の縮小（narrowing of meaning）　53
印欧語（Indo-European）　2-6,7,13,15,18,27,30
インキ壺語（inkhorn terms）　35

インド・ヨーロッパ語（印欧語を見よ）

[ウ]

ヴァイキング（Vikings）　37,*165*
ヴァンダル人（Vandals）　15
ウィックリフ，ジョン（Wyclif, John）　22,*253*
ウィリアム征服王（William the Conqueror）　42,49
ウィンチェスター（Winchester）　20
ヴェーザー・ライン・ゲルマン人（Weser-Rhein-Germanic）　16
ウェスト・サクソン方言（West Saxon）　20-22,*169*
ウェドモア（Wedmore）の条約　*167*
ヴェルネル，カール（Verner, Karl）　13,*55*
ヴェルネルの法則（Verner's law）　13,*56*
ウォリス，ジョン（Wallis, John），イギリスの文法家　*230*
ウラル・アルタイ語（Ural-Altaic）　4
ウルフィラ（Wulfila）　15

[エ]

英語（English）　22
エクヴァル，エイレルト（Ekwall, Eilert）　*88*
エセルレッド無策王（Æthelred the Unready）　42
エディントン（Edington）（Wiltshireの地名）　37
エドワード証聖王（Edward the Confessor）　42

エマ（Emma）（Richard I の娘）　*185*
エルベ・ゲルマン人（Elbe-Germanic）16
延長，開音節における（open syllable lengthening）24
延長階梯（lengthened grade）7

〔オ〕

オーデル・ヴァイクセル・ゲルマン語〔人〕（Oder-Weichsel-Germanic）15f.,18
オールドバラ（Aldbrough, -borough, Yorkshire）*149*
押し（push）12
オックスフォード（Oxford）大学　22
音調言語（tone language）7

〔カ〕

カースルフォード（Castleford）（トマスを見よ）
カースルフォード（Castleford）（Yorkshire の地名）*219*
外的再建（external reconstruction）16
過去接尾辞（preterite suffix）33
下層階級の言語　48,*156*
かばん形態（portmanteau morph）*139*
カフカス（コーカサス）語（Caucasian）4
冠詞（定冠詞の発達）34
完全階梯（full grade）7

〔キ〕

貴族の称号（フランス語起源）48-49
北ゲルマン人〔語〕（North Germanic）15,39,79
機能過重負担（functional overload）12
機能転換（functional shift）*143*

逆綴り字（reverse spelling）27
共通ゲルマン語（Common Germanic）15,17
ギリシャ語（Greek）1,2
キリスト教化，デーン人の　*167*
ギンブタス，マリーア（Gimbutas, Marija）4

〔ク〕

グースルム（Guthrum）（デーン人のリーダー）37
クヌート（Cnut, Canute），イングランド王　37
グラマー・スクール（Grammar School）*156*
クリウォーヴィッチ（Kurylowicz, Jerzy）8
クリオール化（creolization）35,*151*
グリム，ヤーコプ（Grimm, Jacob）11
グリムの法則（Grimm's law）11-13
クルガン文化（Kurgan culture）4

〔ケ〕

ケニング（kenning）36
ゲピード人（Gepids）15
ケルト語（Celtic）1,2
ゲルマン語（Germanic）2f.,13,15-19
ゲルマン語音推移（Germanic sound shift）11
ゲルマン祖語（Proto-Germanic）11,15f.,38
言語学，共時（linguistics, synchronic）1
言語学，構造（linguistics, structural）1
言語学，通時（linguistics, diachronic）1
言語学，比較（linguistics, comparative）1
言語学，歴史（linguistics, historical）1

索　引

言語地理学（linguistic geography）　4
言語障壁（language bar）　*156*
ケントゥム（centum）語　2f.
ケント方言（kentish）　20,25f.
ケンブリッジ（Cambridge）大学　22

〔コ〕

口蓋音化（palatalization）　*74*
口蓋音化，軟口蓋子音の　38-40
構造（structure）　1
高地ドイツ語音推移（High German sound shift）　13,*53*
喉頭音（laryngeal）　8f.
後部省略（back clipping）　58
ゴート人〔語〕（Goths, Gothic）　1,12,15,18,30
古教会スラヴ語（Old Church Slavonic）　12
語形成（word-formation）　*135*
語形成，古英語の　35
語形変化（declension），古英語の　30-33
語順（word order），固定的または機能的　32
ゴッドウィン（Godwin），ウェセックスおよびケント伯　42
語頭アクセント（initial accent）　30,34
語頭音有声化（initial voicing），（後期古英語の）　*105,202*
語頭添加音 e（prothetic e）（フランス語の）　*262*
古ペルシャ語（Old Persian）　1,2,13
固有名詞，英語の　34,*202*
ゴルフ，中世の競技　252

〔サ〕

サー・トーパス（Sir Thopas），Chaucerの作中人物　*250*

さいころ遊び（賭博）　53,54,57,*263*
サクソン人（Saxons）　16,20
サットン・フー船葬（Sutton Hoo Ship Burial）　66
サテム（satem）語　2f.
サルデーニャ語（Sardinian）　*11*
サンスクリット（Sanskrit）（古インド語）　1,2,3,5,13,5

〔シ〕

子音重複（gemination），南ゲルマン語の　18,*48*,*79*
シェイクスピア，ウィリアム（Shakespeare, William）　228
使役動詞（causative verb）　75
シェリダン（Sheridan, Richard Brinsley）　*156*
『地獄の征服』（*The Harrowing of Hell*）（聖史劇）(mystery play)　47
『詩の言葉』（*Skáldskaparmál*）　*158*
弱化母音（reduced vowel）（シュワーを見よ）
借用，意訳（Lehnübertragung）　*155*
借用，直訳（Lehnübersetzung）　*155,234*
借用語（loan word）　38,40,46,47,*192*
重音脱落（haplology）　*234*
ジュート人（Jutes）　16,20
シュワー（schwa）　30,*129*
上層（superstratum）　20
上層階級の言語　47f.,*156*
ジョーンズ，サー・ウィリアム（Jones, Sir William）　1
初期近代英語（Early Modern English）　27
触媒効果，二言語群の　35
ジョン欠地王（John Lackland），英国王　43

93

新言語学派（Neolinguists）　*11*
人文主義（者）（humanism,-ist）　35,*247*

〔ス〕

スヴェイン，二又髭の（Sveinn Forkbeard）　42
スカンジナビア語（Scandinavian）の影響　28,35,37-41
スカンジナビア人（Scandinavians）（北部イングランドの）　35,*149*
スコット，サー・ウォールター（Scott, Sir Walter）　51,*230*
ストゥルルソン，スノリ（Sturluson, Snorri）　*158*
スポーツ用語　53-58
スラヴ語（Slavic）　2,3
スラング（slang）　*143*

〔セ〕

西中部方言（West Midland）　25
青年文法学派（young grammarians）　13,*11*
セイヤーズ，ドロシー（Sayers, Dorothy）　47,*105,208*
セシュエ，アルベール（Sechehaye, Albert）　*2*
セム語（Semitic）　4
ゼロ階梯（zero grade）　7
ゼロ形態素（zero morpheme）　33,*130*
前置詞，格の代用としての　33
線文字B（Linear B）　5

〔ソ〕

総合的（synthetic）言語構造　33
ソールズベリー（Salisbury）　37
ソシュール，フェルディナン・ド（Saussure, Ferdinand de）　1,7f.,*2*

〔タ〕

ダーウィン，チャールズ（Darwin, Charles）　1
大母音推移（Great Vowel Shift）　13,22,24,26f.,*53*

〔チ〕

チェス　53,54,*262*
中央フランス語（Central French）　44-47
中国語（Chinese）　7
中部地方（Midland）の英語　20-22
チョーサー，ジェフリー（Chaucer, Geoffrey）　22,28,41,*106,129,163,189,206,250,263*

〔ツ〕

『罪の扱い方』（*Handlyng Synne*）　*257*

〔テ〕

デーン人（Danes）　37,42
デーンロー（Danelaw）　*167*
テニス，中世の　53,54
テニス，音の発達　*260*
転換（品詞の）（conversion）　33
デンマーク（Denmark）　37

〔ト〕

頭韻詩（alliterative poetry），古英語の　36
頭韻詩復興（Alliterative Revival）　36
同化（assimilation）　18,*74*
同器官的子音群（homorganic consonant group）　11,23
等語線（isogloss）　15,18,28,*8*
動詞，強変化またはアプラウト（strong verbs）　9-11,33

動詞，弱変化（weak verbs） 18,33,*75*
東中部方言（East Midland） 20,24,34,*97*
トカラ語（Tocharian） 3,*11*
特性不確実性 34
閉じた体系（closed system） *135*
トマス・ブラッドウォーディーン（Thomas Bradwardine），イングランドの司教 *104*
トマス・ベック・オヴ・カースルフォード（Thomas Beck of Castleford），年代記作者 49,*219,220*
トランプ 53,*255*
トルベツコイ（Trubetzkoy,N.S.） 4

〔ナ〕

南西部（Southwest）英語 20,25
南東中部方言（Southeast Midland） 23,25,28
南東部（Southeast）英語（ケント方言を見よ）

〔ニ〕

二重母音化（diphthongization），口蓋母音の *169*

〔ノ〕

ノーサンブリア方言（Northumbrian）（北部（Northern）英語） 20
ノルウェー（Norway） 37,43
ノルマン人（Normans） 42f.
ノルマン征服（Norman Conquest） 35,42f.
ノルマンディー（Normandy） 42f.
ノルマンディー方言（北部フランス語を見よ）

〔ハ〕

バイイ，シャルル（Bally, Charles） 2
バイエルン人（Bavarians） 16
『ハヴェロック』（*Havelok*） *251*
馬上槍試合用語，中世の 53,54
派生（devivation） 33,35,*155*
バックガモン（backgammon） 53,54,*261*
パブリック・スクール（Public School）（グラマー・スクールを見よ）
パリ（Paris） 43
パリ大学 43
ハロルド・ゴッドウィンソン（Harold Godwinson），イングランド王 42
ハンバー川（Humber）（イングランドの川） 96
ハンバー川以南の（Southumbrian） 11

〔ヒ〕

ビード，尊者（Beda Venerabilis, Venerable Bede） 16,20
ビーレンシュタイン（Bielenstein, J.G.A） 8
ピカルディー（Picardy）方言（北部フランス語を見よ）
引き（pull） 13,27
ピジン化（pidginization） 35
ヒッタイト語（Hittite） 5,8
非鼻音化と代償延長（denasalization with compensatory lengthening） 19
開いた体系（open system） *135*

〔フ〕

フィン・ウゴル語（Finno-Ugric） 4
フィンランド語（Finnish） 16,*68*
複合（compounding） 35,*155*
フットボール，中世の 53,*253*

ブラッドウォーディーン(Bradwardine)
(トマスを見よ)
フランク人(Franks) 16
フリジア人(Frisians) 16
ブルームフィールド,レナード
(Bloomfield, Leonard) 1,*3*
ブルグンド人(Burgandians) 15
「ブルナンブルフの戦い」(*The Battle of Brunanburh*) *166*
文化的付加価値 41
分析的(analytic)言語構造 33,35
文法的交替(grammatical change) 14
文法的性(grammatical gender) 34,*144*
分裂(英語語彙の) 35

〔ヘ〕

『ベーオウルフ』(*Beowulf*) 163
ヘースティングズ(Hastings)の戦い 43
ヘンリー四世(Henry IV) 249

〔ホ〕

方言地理学(dialect geography) 3
法律用語,フランス語要素 49-51
北海ゲルマン人(North Sea Germanic) 16
北部英語(Northern English) 24,28,34
北部フランス語(Northern French) 43,44-47,*245*
ホッケー,中世の競技 53
ポンティフラクト(Pontefract)(Yorkshireの町) 219
本来語(native word) 38

〔マ〕

マーシア方言(Mercian) 20,*86,214*
マムルーク(Mamluk)王朝,トランプの発明 255
マラプロピズム(malapropism) *156*

〔ミ〕

南ゲルマン人(South Germanic) 16

〔モ〕

「モールドンの戦い」(*The Battle of Maldon*) *166*
紋章学(heraldry) 49

〔ユ〕

有心地区(focal area) 4

〔ラ〕

ラテン語(Latin) 1,5,17,*13,155,241*
ランゴバルド人(Langobards) 16

〔リ〕

リグヴェーダ(Rigveda) 2
リチャード一世,獅子心王(Richard I, the Lion-Heart) 230
リチャード一世,ノルマンディー公(Richard I, Duke of Normandy) 42
料理用語 51-53

〔ル〕

類推均一化(analogical levelling) 11
ルヴィ語(Luvian) 8

〔レ〕

レスリング 53,*252*

〔ロ〕

ロバート・オヴ・ブルン(Robert of Brunne) *257*
ロンドン(London) 20,28

〔ワ〕

割れ（breaking） *92*

〔b〕

bourdis *257*

〔d〕

drag chain *52*

〔i〕

i-ウムラウト（i-Umlaut） *18*

〔p〕

push chain *52*

〔r〕

r音化（rhotacism） *14,18*
rhotic dialects *3*

〔s〕

s，子音の前の，フランス語における脱落 *46f.,206*

〔t〕

Tjost, 中世の馬上槍試合 *54,259*

訳者略歴

小野　茂（おの　しげる）
1930年，東京生まれ。1953年，東京大学文学部英文学科卒業。1969～70年，ペンシルヴェニア大学留学。1971年，文学博士（東京大学）。東京都立大学名誉教授，昭和女子大学教授。国際アングロサクソン学会（ISAS）名誉会員。
主な著訳書：『英語慣用句小辞典』（共著，研究社），『英語法助動詞の発達』（研究社），『英語学大系 8 英語史 I 』（共著，大修館），『フィロロジーへの道』（研究社），『英語史の諸問題』, *On Early English Syntax and Vocabulary* (英文)，『英語史研究室』，『フィロロジーの愉しみ』（南雲堂），コツィオル『英語史入門』（南雲堂），ブルンナー『英語発達史』（共訳，大修館），ノールズ『文化史的にみた英語史』（共訳，開文社出版）など。

英語史の基礎知識　　［検印廃止］

2000年 3月10日　初版発行

訳　　者	小　野　　　茂
発 行 者	安　居　洋　一
印 刷 所	平　河　工　業　社
製 本 所	三　森　製　本　所

〒162-0065　東京都新宿区住吉町 8-9
発 行 所　開文社出版株式会社
電話（03)3358-6288番・振替 00160-0-52864